Gewidmet meiner Mutter, Elisabeth Charlotte

Das Elisabeth-Buch

Ein Name

–

25 besondere Frauen

ELISABETH
SANDMANN

INHALT

~ ⌇

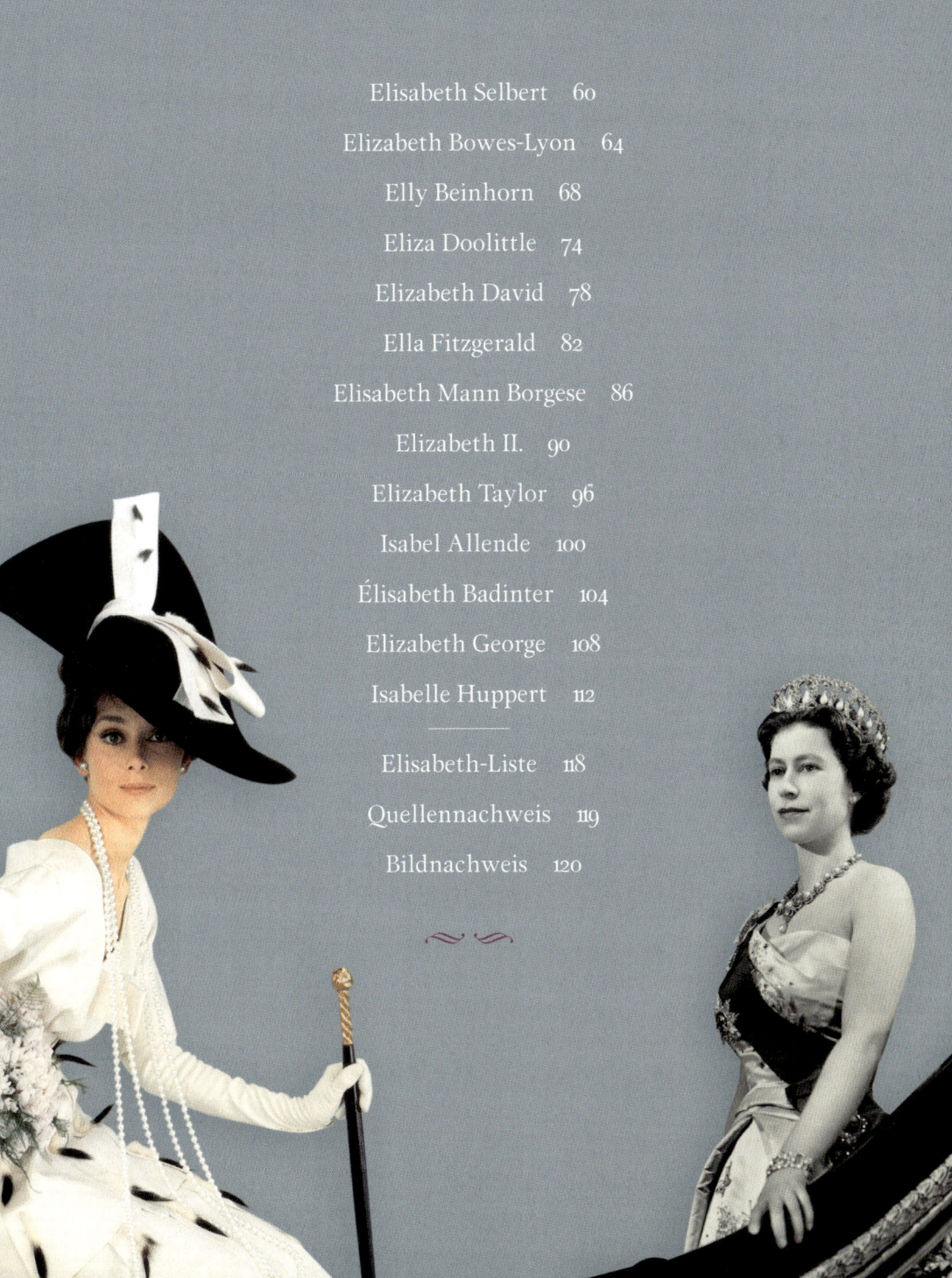

WAS HABEN LISE MEITNER, LIZ TAYLOR, KAISERIN SISI, ELLY BEINHORN, ISABELLE HUPPERT UND QUEEN MUM GEMEINSAM?

In diesem, unserem Jubiläumsbuch zum zehnjährigen Bestehen des Verlags, dem »Elisabeth«-Buch, haben wir mit einem Schuss Selbstironie eine ungewöhnliche Zusammenstellung gewagt und 25 aufregende und sehr unterschiedliche Elisabeths gefunden, die wir Ihnen unbedingt vorstellen wollen. Diese Melange aus Heiligen, Geschäftsfrauen, Künstlerinnen, Literatinnen, Königinnen und Abenteuerinnen, Schauspielerinnen, Malerinnen, Köchinnen und Kaiserinnen spiegelt unser Programm wider, das vor allem eines möchte: Frauen für Frauen, unsere Leserinnen, entdecken, sie anregen und ihnen Mut machen, sie unterhalten und ihnen Augenfreude sein.

Ob Elisabeth Mann Borgese, die jüngste Tochter Thomas Manns, die sich als Ozeanforscherin einen Namen machte, Élisabeth Vigée-Lebrun, die als Malerin des 18. Jahrhunderts gerade wiederentdeckt wird, Elizabeth Anderson, die bereits 1866 als Frau ein Krankenhaus eröffnete, Elizabeth Arden, die ein Kosmetikimperium schuf, Liz Taylor, die mit ihrer Liebe zu Männern und Schmuck die Gazetten füllte, oder Isabel Allende, die mit »Das Geisterhaus« einen Welterfolg schrieb – sie alle sind Persönlichkeiten, die ein Lebenswerk geschaffen haben. Einzig Elizabeth Bennett und Eliza Doolittle aus Jane Austens »Stolz und Vorurteil« und George Bernard Shaws »Pygmalion« alias »My Fair Lady« fallen als literarische Figuren aus dem Kanon. Dennoch sind sie durch erfolgreiche Verfilmungen, mit Keira Knightley als Elizabeth und Audrey Hepburn als Eliza, zu ganz realen Vorbildern geworden, wenn es darum geht, die eigenen Vorstellungen zu leben. Und wenn Eliza Doolittle sagt: »Der Unterschied zwischen einer Dame und einem Blumenmädchen besteht nicht darin, wie sie sich benimmt, sondern wie man sie behandelt«, dann könnte das auch unser Credo sein, denn im Elisabeth-Sandmann-Programm sind alle Blumenmädchen Ladys.

Gewidmet ist das Buch natürlich einer Elisabeth. Diese Elisabeth heißt Elisabeth Charlotte, wurde 1932 in Augsburg geboren und ist meine Mutter. Sie hat mich nicht nur finanziell unterstützt, als ich den Verlag 2004 gegründet habe, sondern sie kennt auch alle Neuerscheinungen, und sie sitzt seit zehn Jahren auf der Frankfurter Buchmesse an meinem Stand, wo sie auf alle mit ihrem Enthusiasmus ansteckend wirkt.

Empfohlen sei dieses Buch zum einen all denen, die da heißen Elisabeth, Isabelle oder Elisa, Elsbeth, Elise, Elli, Elsa, Ilse, Lisa, Lieschen, Lisbeth, Liesel, Lilli, Lilian usw. – und natürlich auch allen anderen Namensträgerinnen.

Denn vergnüglich, spannend und lehrreich wird es auf dieser Zeitreise durch die Jahrhunderte allemal.

In diesem Sinne wünscht Ihnen eine kurzweilige Lektüre,

Dr. Elisabeth Sandmann
Verlegerin

Elisabeth von Thüringen

katholische Heilige

1207–1231

»Seht, ich habe es doch gesagt, wir sollen die Menschen froh machen!«

Libellus

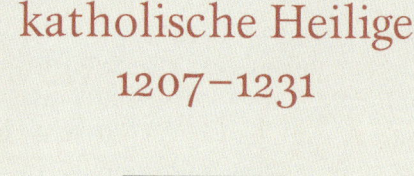

REBELLISCHE LANDESMUTTER UND WOHLTÄTIGE GOTTESDIENERIN

Politisch und wirtschaftlich stehen die Zeichen auf Änderung: Die Gegensätze zwischen aufstrebenden Städten und ländlicher Region, die Auseinandersetzungen zwischen Kirchenfürsten und Gläubigen, die Widersprüche innerhalb der Gesellschaft könnten nicht größer sein. Weltliche Herrscher und einflussreiche Vertreter des Klerus leben prunkvoll und zeigen es. Auf der Suche nach Orientierung bietet die Papstkirche längst keinen Rettungsanker mehr. Reformer gründen neue klösterliche Gemeinschaften, fordern und praktizieren ein Leben der Entsagung. Eine Landesmutter sorgt für Aufsehen: Diese Frau ist radikal. Diese Frau ist emanzipiert und lebt provokant die neuen Ideen. Die Rede ist von Elisabeth von Thüringen.

Elisabeth – der Name der Mutter Johannes' des Täufers bedeutet »Gott ist Vollkommenheit«. Als Tochter des einflussreichen Königs von Ungarn András II. kommt Elisabeth schon als Vierjährige an den Hof ihres künftigen Mannes, des späteren Landgrafen Ludwig IV. von Thüringen, und wächst in wohlhabender Umgebung auf. Ihre Mitgift besteht aus kostbarem Geschmeide sowie viel Geld; nach der Hochzeit soll noch mehr aus Ungarn kommen. Schon der kleinen Elisabeth sind der überbordende Prunk und die höfischen Eitelkeiten zuwider, und sie macht keinen Hehl daraus. Als ihr der zweite Teil ihrer Mitgift vorenthalten wird, muss sie sich manche Anfeindung des Hofes gefallen lassen, ja, man will die nun nutzlose Braut sogar nach Ungarn zurückschicken – vielleicht der Auslöser für Elisabeth, Ideale der neuen Armutsbewegung unter den christlichen Glaubensbrüdern und -schwestern der Franziskaner, Dominikaner oder Beginen, noch radikaler zu leben.

Krone, Brot und Rosen

Befremdlich empfindet ihre Umgebung schon, dass die junge Landgräfin nach der Hochzeit sehr selbstbewusst neben ihrem Mann bei Tisch sitzt und mit ihm reist, sogar während der Schwangerschaft. So jagt ein Eklat bei Hofe den nächsten, denn die junge Landesmutter schert sich nicht um inhaltslose Vorschriften. Zum Zeichen ihres Bekenntnisses zur christlichen Armutsbewegung trägt sie Wollkleider und geht barfuß – schockierend! Bei Tisch isst sie nur, was nicht von unrechtmäßig erworbenen Ländereien stammt – hochrangige Gäste reagieren peinlichst berührt. Sie verschenkt Kleider und Schmuck an die Armen. So üppig sind ihre Almosen, dass nicht nur hinter vorgehaltener Hand darüber lamentiert wird. Während der schweren Hungersnot 1226 verteilt sie den Inhalt der landgräflichen Kornkammern an die Bedürftigen, und im selben Jahr gründet sie unterhalb der Wartburg das St. Annen Hospital. Mit wunden Händen spinnt sie Wolltücher, sie pflegt Kranke, ja sogar Aussätzige, und wäscht Verstorbene. Man zweifelt an ihrem Verstand. Doch Elisabeth kann sich auf ihren Mann verlassen, der sie liebt, respektiert und ihre Caritas durchaus unterstützt – auch das ein Novum in der höfischen Gesellschaft! Nur wenn es dem Landgrafen gar zu bunt wird, unterbindet er die nächtlichen Selbstkasteiungen und Gebete seiner Frau.

Nach dem frühen Tod ihres geliebten Mannes auf einem Kreuzzug aber fallen alle Schranken. Elisabeth hat nun niemanden mehr, der sie vor der Missgunst am Hof schützt. Mit voller Wucht treffen sie Verachtung und Feindseligkeit ihrer Verwandten, der Hofbeamten und des heimischen Adels. Mit ihren kleinen Kindern wird

LEBENSLAUF

Elisabeth, geboren am 7. Juli 1207 in Ungarn, war die Tochter des ungarischen Königs. Mit 14 Jahren wurde sie mit Ludwig verheiratet, der nach dem Tod des Landgrafen schon 1217 die Herrschaft in Thüringen übernommen hatte. Nach dem Tod Ludwigs 1227 verließ Elisabeth den thüringischen Hof, verzichtete auf Geheiß ihres Beichtvaters Konrad von Marburg auf ihre drei Kinder und ging nach Marburg, wo sie ein Hospital gründete, in dem sie selbst als Spitalschwester tätig war. Elisabeth starb in Marburg am 17. November 1231 im Alter von 24 Jahren. Vier Jahre darauf, Pfingsten 1235, erfolgte ihre Heiligsprechung.

sie ohne Hab und Gut vom Hof vertrieben, muss die ersten Nächte in einem Schweinestall in Eisenach verbringen. Ihrem Beichtvater und Seelsorger Konrad von Marburg gelingt es, ihr ein wenig von dem Erbe zu sichern. Man munkelt, dass er als strenger Zuchtmeister gar vor Handgreiflichkeiten ihr gegenüber nicht zurückgeschreckt sein soll. Das Geld jedenfalls wird zum Bau des Marburger Spitals verwendet, und Elisabeth leistet dort bei kümmerlicher Ernährung niedrigste Dienste als Magd und Krankenschwester. Von ihren Kindern hat sie sich längst auf immer getrennt, um nur noch ihren Glauben zu leben, bis sie mit nur 24 Jahren stirbt.

Ein Wandteppich für Papst Sixtus IV. zeigt die heilige Elisabeth von Thüringen, 1479.

Bewundert und verehrt bis in die Gegenwart

Kein Wunder ist, dass dieser Frau nach ihrem Tode zahllose Wunder zugeschrieben werden. So etwa das Rosenwunder: In einem Korb mit Brot, den sie unbemerkt und gegen den Willen ihres Mannes ob ihrer übertriebenen Spendenfreudigkeit zu den Armen tragen wollte, sei bei ihrer Entdeckung das Brot in Rosen verwandelt worden. Nur vier Jahre nach ihrem Tod wird Elisabeth heiliggesprochen und später von Katholiken wie Protestanten in ganz Europa verehrt. So grenzenlos das ihr entgegengebrachte Unverständnis war, so grenzenlos wird die Verehrung. Elisabeth gilt seitdem als Schutzpatronin von Thüringen und Hessen, der Bistümer Erfurt und Fulda, der Armen, Kranken, Witwen und Waisen. Kirchen und Schulen sowie Krankenhäuser tragen ihren Namen. Und noch heute bewundert man ihren Mut, mit dem sie es schaffte, in einer von Männern geprägten höfischen, mittelalterlichen Welt ganz sie selbst zu sein. Statt stiller Andacht hat Elisabeth kompromisslos und konsequent ihr Ideal von Frömmigkeit, tätiger Nächstenliebe und selbstlosem Verzicht gelebt – und damit ein Umdenken eingeleitet.

»*La Primadonna del mondo.*«

Niccoló da Correggio

Isabella d'Este

Politikerin, Mäzenin und Regentin

1474–1539

VORBILDHAFTE MÄZENIN UND UMSICHTIGE POLITIKERIN DER RENAISSANCE

E rhabenste aller Frauen« wurde sie genannt, die 1474 geborene Tochter des Herzogs von Ferrara, Ercole I. d'Este, und nicht nur von jenen, die sich ihrer Förderung erfreuten. Isabella – bei den gehobenen Ständen Italiens im 15. und 16. Jahrhundert eine beliebte Form des Namens Elisabeth – war hochintelligent, eloquent und von weitreichender Bildung. Darüber hinaus muss die herausragende Mäzenin, Sammlerin und Auftraggeberin der italienischen Renaissance über die Maßen schön gewesen sein. Vom Bildnis Tizians blickt uns eine in kostbarste Gewänder aus Brokat, Samt und Seide gehüllte, edelsteingeschmückte alters- und makellose Frau direkt und sehr selbstsicher, offen und tatkräftig an. Auch wenn diese Darstellungsart dem Stil der Zeit entsprach, vermittelt sie durchaus einen Eindruck davon, wie energisch,

ausdauernd, speditiv und inspirierend Isabella auf ihre Zeitgenossen gewirkt haben muss.

Klug, hochgebildet und kunstsinnig

Die Herzöge von Ferrara waren weithin bekannt für ihre ausgeprägte Neigung zu den schönen Künsten und für ihre Wertschätzung einer umfassenden humanistischen Bildung. Die kleinen Höfe des Spätmittelalters waren gemeinhin Entwicklungszentren von Kunst und Kultur, doch das Maß am Hofe von Ferrara ging weit über das der anderen hinaus. Kontakte zu Künstlern und Gelehrten in der ganzen erreichbaren Welt wurden gepflegt, um auf dem neusten Stand zu sein. In diesem hochkultivierten Elternhaus mit Bibliothek und Kunstsammlung wurde der Grundstein für

Isabellas umfassende Bildung gelegt, die ihren überragenden Fähigkeiten in vielen Disziplinen entgegenkam. Sie spielte verschiedenste Instrumente meisterhaft, beherrschte diverse Sprachen und hatte von ihrer Mutter die Sammelleidenschaft geerbt, die sie zeit ihres Lebens obsessiv betrieb.

Die Welt der Renaissance befand sich im Aufbruch und war durchdrungen vom Wunsch nach Erkenntnis und Wissen. Ein grundsätzliches Interesse an der menschlichen Gestalt erwachte, ja, der Mensch stand plötzlich als schöpferisches Individuum im Zentrum der Weltbetrachtung. Gerade die vielen Stadtstaaten und kleinen Territorien des zersplitterten Italien erwiesen sich als besonders fortschrittlich und aufgeschlossen Neuerungen in Wissenschaft und Kunst gegenüber. Der expandierende Handel ermöglich-

te Kontakte in die ganze Welt, der daraus resultierende Wohlstand wiederum brachte Geld für Kunst und Bildung ein. Rom inspirierte Künstler und Gelehrte des 15. und 16. Jahrhunderts mit den Formen und Ideen der Antike, und Künstler und Gelehrte wiederum konnten ihre Mäzene begeistern. Aus dem Blick zurück auf die Errungenschaften der Antike entstanden Ideen für die Zukunft. Techniken wie Ölmalerei, Kupferstich oder die Luftperspektive in der Landschaftsmalerei ermöglichten eine neue, realistischere Darstellung der Welt. Universitäten wurden gegründet, und die großen Meister, deren Werke bis heute Maßstäbe setzen und deren Namen noch immer in aller Munde sind, traten auf die Bildfläche: Leonardo da Vinci, Raffael, Michelangelo, Andrea Palladio, Giovanni Bellini, Sandro Botticelli, Albrecht Dürer, Lucas Cranach

LEBENSLAUF

Als Isabella am 18. Mai 1474 als erstes Kind des Herzogs von Ferrara und seiner Frau Leonora von Aragon zur Welt kam, war ihr entsprechend der Herkunft eine bedeutende Rolle in der italienischen Adelsgesellschaft schon vorherbestimmt, wie auch all ihren fünf jüngeren Geschwistern. So heiratete ihre Schwester Beatrice Ludovico Sforza, den Herzog von Mailand, ihr Bruder Alfonso übernahm von seinem Vater das Herzogtum von Fer-

rara, und Ippolito wurde Kardinal. Ihrem Mann, Gianfranco II. von Mantua gebar Isabella acht Kinder. Auch ihre Nachkommen erhielten dank diplomatischen Geschicks und ihrer klugen Heiratspolitik wichtige Rollen in den Stadtstaaten Italiens oder in der Kirche Roms. Isabellas Liebe jedoch galt – glaubt man der Überlieferung – zuvörderst ihren Söhnen. Zu einer Versöhnung mit den drei Töchtern kam es erst wenige Jahre vor ihrem Tod.

d. Ä., Jacopo Tintoretto, Dante Alighieri, Francesco Petrarca, Giovanni Boccaccio, Erasmus von Rotterdam, Philipp Melanchthon, William Shakespeare und viele mehr.

Expertin und unermüdliche Förderin der Künste

Isabella wurde im Alter von 16 Jahren mit Gianfrancesco II. Gonzaga, Markgraf von Mantua, verheiratet. Ein »Glücksgriff« nicht nur für Mantua. Unter ihrer Ägide wandelte sich der Hof zu einem Kunst- und Kulturzentrum, dessen Wirkung weit über die Grenzen Norditaliens hinausging. Isabella lud Architekten, bildende Künstler, Musiker, Schriftsteller und Philosophen an den Hof ein und unterhielt mit anderen einen anregenden Briefwechsel – eine Bereicherung immer auch für beide Seiten. Isabella förderte als Mäzenin großzügig und kenntnisreich – oft zum Schrecken ihrer Kämmerer und bis an die Grenzen zur Überschuldung. Sinnbildlich für ihr Wirken war die exquisite Gestaltung der Studierzimmer (studioli) im markgräflichen Castello di San Giorgio, die Isabella mit Gemäldezyklen von Antonio da Corregio, Andrea Mantegna, Perugino und vielen anderen schmücken ließ – als erste Frau der Renaissance richtete sich Isabella solche Studienräume ein. Als Expertin wirkte sie wegbereitend in der Förderung zeitgenössischer Malerei und neuer Musikgattungen wie Frottola und Madrigale, studierte Kartenwerke und beschäftigte sich mit Astrologie, gab Übersetzungen bedeutender antiker und zeitgenössischer Werke in Auftrag und wurde selbst zum Motiv künstlerischer Darstellungen von Leonardo da Vinci und Tizian.

Emanzipiert übernahm Isabella die Rolle der Mäzenin, Auftraggeberin und Sammlerin (Skulpturen waren ihr Spezialgebiet) in einer Domäne, die dazumal weitgehend der Männerwelt vorbehalten war, und sicherte sich mit der Kunstförderung ein Terrain, in dem sie außergewöhnliches Wissen und Erfolge demonstrieren konnte. Sie schuf Künstlern in jeder Hinsicht Raum, innovativ tätig zu sein.

Damit nicht genug, Isabella d'Este bewährte sich als umsichtige, diplomatisch geschickte, durchsetzungsstarke und um Stabilität bemühte Politikerin in stürmischer Zeit, als sie Mann und Sohn etwa in Zeiten militärischer Einsätze als Regentin Mantuas vertrat. Und Mantua prosperierte einmal mehr, wurde gar zum Herzogtum erhoben, unter der Regentschaft dieser außergewöhnlichen Frau. Und ganz nebenbei gab die Grande Dame der Renaissance sogar modisch den Ton an: Ihre Kleidung, Haartracht und Düfte wurden weit über die Grenzen Norditaliens hinaus kopiert.

Regentin und
Friedenskämpferin • 1566–1633

Isabella
Clara Eugenia
von Spanien

*»Die Wirkungen
der weltlichen
wie der göttlichen Liebe
sind nahezu
dieselben.«*

HERRSCHERIN
IN KRIEGERISCHEN ZEITEN

Schon die für die damalige Zeit ungewöhnliche Äußerung ihres Vaters Philipp II. (1527–1598) von Habsburg, er freue sich über die Geburt des Mädchens mehr als über einen männlichen Thronfolger, deutet darauf hin, dass Isabella Clara Eugenia von Spanien von Beginn an Papas Liebling war – und später auch seine Vertraute.

Die Geburt Isabellas am 12. August 1566 in Segovia war schwierig, ihre Mutter Elisabeth von Valois schwebte mehrere Tage in Lebensgefahr. Als diese bereits zwei Jahre später starb, blieb der erstgeborenen Tochter die spanische Abwandlung des mütterlichen Namens Elisabeth in Isabella. Fortan zählte für sie die Liebe ihres Vaters. Der heiratete zwar noch ein weiteres Mal, doch konnte er für die Kinder, die ihm seine zweite Frau Anna von Österreich gebar, keine so tiefen Empfindungen entwickeln wie für seine beiden Töchter aus der Ehe mit Elisabeth

von Valois: Isabella und Katharina Michaela von Spanien. Als die Lieblingstochter Philipps II. für lange unverheiratet blieb, schien es fast naturgewollt, dass sie, die eine hervorragende Erziehung genossen hatte, sich mit Fragen der Politik und der Staatsgeschäfte auseinandersetzte.

Regentin auf Vaters Pfaden

Isabella wurde Philipps Vertraute und ging ihm vor allem in seinen letzten Lebensjahren, als ihn die Gicht plagte, auch ganz praktisch zur Hand. Sie las ihm unzählige Dokumente und Episteln vor, übersetzte für ihn aus dem Italienischen und beriet ihn, wenn Entscheidungen zu fällen waren.

Natürlich erhielt sie in all den Jahren auch immer wieder Heiratsanträge, denn sie war nicht nur eine gute Partie, sondern auch sehr gut aussehend, wie die Bilder von Peter Paul

Rubens und anderen zeitgenössischen Malern bis heute bezeugen. Etwa ein halbes Jahr vor seinem Tod aber stimmte der Vater erst einer Verbindung mit Albrecht VII. von Österreich zu. Sie heiratete ihn am 18. April 1599. Mitgift waren die Spanischen Niederlande, und noch vor der Hochzeit erklärte Vater Philipp seine Tochter zur Regentin. Philipp II. verband damit die Hoffnung, das ehemals die heutige Fläche der Niederlande, Belgiens, Luxemburgs und Nordfrankreichs umfassende Gebiet wieder unter der spanischen Krone zu einen. Denn seit 1568 kämpften die Bewohner der niederländischen Länder für ihre Unabhängigkeit von der spanischen Krone, und zu Isabellas Amtsantritt zeichnete sich bereits die Abspaltung der nördlichen Gebiete ab.

Isabella übersiedelte mit ihrem Mann Albert in die Stadt Brüssel, die wie das gesamte Land von den nun seit mehr als 30 Jahre dauernden Unruhen in Mitleidenschaft gezogen war – bis 1648 zogen sich die Unabhängigkeitskämpfe hin, die als Achtzigjähriger Krieg in die Geschichte eingingen. Isabella und Albert unternahmen diverse mehr oder weniger erfolgreiche Versuche, die ständig wiederaufflammenden Kampfhandlungen zu beenden und einen dauerhaften Frieden zu erreichen.

Mutig, standhaft und innovativ

Isabella tat dies auch auf ihre ganz eigene und sehr ungewöhnliche Weise. Während der Belagerung von Ostende, bei der sie zugegen war, leistete sie zu Beginn einen Schwur: Sie würde ihre Unterwäsche nicht eher wechseln, bis der Ort eingenommen wäre. Es steht zu vermuten, dass sie sich nicht vorstellen konnte, wie lange das dauern würde. Mag sein, sie hatte mit drei Tagen, einer Woche, vielleicht sogar mit einem Monat gerechnet. Tatsächlich aber waren es mehr als drei Jahre!

LEBENSLAUF

Schon im dritten Lebensjahr war Isabella mit Rudolf, dem ältesten Sohn des Kaisers und Erzherzogs von Österreich Maximilian II., verlobt worden. Zwischen dem kaiserlichen und dem spanischen Hof bestanden enge familiäre Verbindungen, denn Isabellas Vater, Philipp II., war ein Sohn des Habsburger-Kaisers Karl V. Sowohl Rudolf als auch sein jüngerer Bruder Albrecht wuchsen am spanischen Hof auf – warum dann aber nicht die Heirat mit Rudolf, sondern mit Albrecht zustande kam, bleibt heute Spekulation. Möglicherweise spielten die Sympathien Rudolfs für den Protestantismus im katholischen Spanien hierbei eine Rolle.

Isabellas Vater, Philip II., gemalt
von Tizian, 1551

rie«. Es war Isabella, die veranlasste, für den Kampf zusätzlich Fußvolk in einer neuartigen Weise zu bewaffnen und zu versorgen. Man nannte es aus Hochachtung ihr gegenüber »Infanteria«, und als sich diese Truppen im Kampf bewährten, behielt man das Wort auch bei.

Als Albrecht 1621 starb, übernahm Isabella Clara Eugenia die Regierung: Sie war nun alleinige Statthalterin von Spanien. Weiterhin bediente sie sich unorthodoxer Mittel und setzte beispielsweise den Maler Peter Paul Rubens, den sie in seiner Kunst sehr unterstützte, als geheimen Unterhändler für ihre Friedensbemühungen ein. Später wurde er auch offiziell mit Friedensverhandlungen beauftragt. Als Isabella am 1. Dezember 1633 in Brüssel starb, war jedoch ein stabiler Frieden noch längst nicht in Sicht. Erst als 1648 im Westfälischen Frieden Spanien die Unabhängigkeit der nördlichen Niederlande anerkannte, endete der Krieg nach 80 Jahren.

Man kann sich gut vorstellen, dass die Wäsche der Dame inzwischen einen sanft hellbraun-beigen Farbton wie heller Milchkaffee angenommen hatte – einen sehr spezifischen Farbton jedenfalls, denn diese Farbe, die bei Pferden gelegentlich vorkommt, wird seitdem »Isabell« genannt.

Es gibt noch ein anderes bis heute gebräuchliches Wort, das auf die spanische *Infantin* zurückgeht, »Infante-

Élisabeth Vigée-Lebrun

Malerin · 1755–1842

»*Zu malen und zu leben bedeutet das Gleiche für mich.*«

EUROPAS ERFOLGREICHSTE PORTRÄTISTIN

Jung, schön, begabt und produktiv war die Französin, die wie kaum ein anderer Künstler mit den Herrscherhäusern ihrer Zeit aufs Engste verbunden war.

1755 als Tochter eines Pariser Porträtmalers geboren, wird Élisabeth in Künstlerkreisen groß. Schon früh übersteigt ihr Talent das ihres Vaters, weshalb er für ihren Unterricht berühmte Lehrmeister wie Gabriel Briard, Claude Joseph Vernet und Jean-Baptiste Greuze hinzuzieht. Darüber hinaus begibt sich die Tochter zum Selbststudium auf die Spuren der Großen in Galerien und Museen und lernt – vor allem – in der Natur.

Die Schöne und der frühe Ruhm

Sie lernt schnell, sehr schnell, und so wird schon die heranwachsende, betörend schöne Élisabeth zum Stadtgespräch in Paris. Im Atelier der kaum Fünfzehnjährigen geben sich verschiedene Berühmtheiten der Metropole und Kunden von Stand die Klinke in die Hand, darunter auch Vertreter des französischen Hofes. Bereits als junges Mädchen verdient sie ihr eigenes Geld – eine Frau, incroyable! – und steht in direktem Austausch mit berühmten Künstlern wie Maurice Quentin de La Tour und anderen.

Nun ist es nicht so, dass Élisabeth Vigée-Lebrun die Porträtkunst völlig neu erfindet, die von ihr in Pastelltechnik Porträtierten wirken elegant-dekorativ durch modische Ausstattung und das sie umgebende Ambiente. Aber sie zeigt Frauen, wie Frauen sich sehen und gesehen werden wollen, arrangiert selbst die Interieurs, die Kleidung und gar die Frisuren ihrer Kundinnen, denen sie gegen den herrschenden Zeitgeschmack von Puder und Schminke abrät. Das Ergebnis ist nicht nur geschmackvoll, sondern scheinbar natürlich: Überaus lebendig und frisch, mit rosigen Wangen, blicken die Dargestellten den Betrachter mit blitzenden Augen direkt an. Ein Moment zufälliger persönlicher Begegnung, Sonnenlicht flirrt über die Szene, scheint mit delikaten Farben eingefangen.

Nach dem Tod des Vaters heiratet die Mutter erneut, einen Juwelier, mit dem sich die junge Élisabeth nicht versteht. Zeitweise lebt sie bei einer befreundeten Familie auf dem Land und begegnet dort erstmalig der jungen Marie Antoinette. Élisabeth wird die Königin fortan immer wieder malen, ja, es entsteht fast eine Art Freundschaft zwischen den beiden Frauen.

Um der unglücklichen Familiensituation zu entrinnen, heiratet die beliebte Künstlerin sehr jung – und kommt vom Regen in die Traufe: Ihr Mann, der bedeutende Kunsthändler Jean-Baptiste Pierre Lebrun (auch: Le Brun), weiß sich berechnend und skrupellos ihres Talents zu bedienen und requiriert ihre Honorare für seine Belange. Einziger Lichtblick der jungen Frau ist die Tochter Jeanne Julie Louise, an der sie mit abgöttischer

Liebe hängt. Immer wieder malt Élisabeth sich selbst, immer wieder auch mit ihrer kleinen Tochter. Ein Selbstporträt, entstanden nach der Rückkehr von einer künstlerisch erkenntnisreichen Flandernreise, verhilft ihr zur Aufnahme in die *Académie royale de peinture et de sculpture*. Dennoch scheint der Zenit des Erfolgs lange nicht erreicht. Noch immer wächst die Zahl der Bewunderer, und wenngleich ihre Honorare inzwischen extraordinär hoch sind, sind die Kunden gern bereit, lange auf eine Sitzung zu warten. Vigée-Lebrun arbeitet Tag und Nacht wie im Rausch, das Malen ist für sie so wichtig wie das Atmen.

Malend durch Europa

Doch Frankreich steht vor einer Zeitenwende: Das hungernde Volk ist nicht länger gewillt, das skandalträchtige luxuriöse Leben des Hofes hinzunehmen. In dieser Situation verändert

LEBENSLAUF

Die Nähe zum französischen Hof war von entscheidendem Einfluss auf das Leben Élisabeths. Als von Marie Antoinette bevorzugte Porträtistin genoss sie die Unterstützung des Königs, der sie mitunter auch vor öffentlichen Angriffen von Neidern und Intriganten schützte und die Aufnahme in die Königliche Akademie befürwortete. Zudem avancierte sie durch diese Verbindung zur begehrten Malerin an allen Adelshäusern Europas, wo sie mit offenen Armen aufgenommen wurde, als sie, die Royalistin, 1789 Frankreich verlassen musste. Ihre Erinnerung daran und an das gesellschaftliche Leben im Ancien Régime hat Élisabeth in ihren Memoiren niedergeschrieben, mit deren Aufzeichnungen sie als Siebzigjährige begann.

Maria Theresa, die künftige Herzogin von Angoulême, und ihr Bruder, Dauphin Louis-Joseph-Xavier, gemalt von Élisabeth Vigée-Lebrun, 1748

St. Petersburg – wo sie schließlich sechs Jahre als Protegée der Zarenfamilie weilt – werden ihr Zuhause auf Zeit und Schaffensorte. Nach zwölf Jahren und Hunderten neuer Werke (sie reüssiert inzwischen auch in der Landschaftsmalerei), die Adelsherrschaft ist abgeschafft und Napoleon an der Macht, kann Élisabeth 1802 endlich nach Frankreich zurückkehren.

Von hier aus wird sie immer wieder aufbrechen und durch Europa reisen, es ist ihr zur zweiten Natur geworden. Doch der Höhepunkt ihrer Karriere ist nun überschritten, der Kunstgeschmack beginnt sich zu wandeln, und Vigée-Lebrun steht für eine vergangene Epoche. Sie zieht sich auf ein Landhaus in Louveciennes zurück und stirbt im gesegneten Alter von 86 Jahren.

die Nähe zum Königshaus Élisabeths Leben erneut: Mit der Französischen Revolution beginnt ihre zweite Lebenshälfte als reisende Künstlerin im Exil: Nach dem Sturm auf die Bastille am 14. Juli 1789 flieht sie, ohne Staffeleien, ohne Geld und Ehemann, mit ihrer Tochter Hals über Kopf nach Italien. So weit ist der Ruhm ihr vorausgeeilt, dass, wo immer sie von nun an eintrifft, ihr die Türen offen stehen, sie mit Aufträgen und Ehrungen überhäuft wird und die Herrschenden ihre Nähe suchen. Turin, Parma, Florenz, Bologna, Venedig, Verona, Rom, Neapel, Wien, Prag, Dresden und

Elizabeth Bennet

Jane Austens Heldin aus »Stolz und Vorurteil«

»Eitelkeit, nicht Liebe, war meine Torheit.«

DIE
LITERARISCHE
LIEBLINGS-
HELDIN

Elizabeth ist hübsch, intelligent, sehr selbstbewusst und 20 Jahre alt, ihre dunklen Augen ziehen jeden in ihren Bann. »Lizzy« oder »Eliza«, wie sie auch von Vertrauten genannt wird, ist der erklärte Liebling des Vaters, der vor allem ihre Lebhaftigkeit so schätzt. Die Mutter weiß das zu relativieren: Schließlich sei Elizabeth nicht anders als die anderen, ja, nicht einmal halb so hübsch wie ihre Schwestern Jane und Lydia! Elizabeth ist die zweite von fünf charakterlich ganz unterschiedlichen Töchtern der Familie Bennet, die zwar über einigen Wohlstand verfügt, nicht aber dem höheren Adel angehört und sich in prekärer Situation befindet: Der ländliche Familienbesitz Longbourn in Hertfordshire würde im Todesfall des Vaters an den nächsten *männlichen* Erben übergehen und die Töchter gingen leer aus. Die von ihnen allen akzeptierte Notwendigkeit ist es daher, beizeiten möglichst wohlhabend zu heiraten, um versorgt zu sein und last, but not least, der Familie Ehre zu machen.

So leicht und frisch lesen sich die lebendigen Dialoge im Roman »Stolz und Vorurteil« von Jane Austen – man mag kaum glauben, dass er bereits im Jahre 1813 erschienen ist.

Die forsch-sympathische Lizzy als eine der drei Schwestern im heiratsfähigen Alter erweist sich im Gespräch als gewitzt, clever, schlagfertig, humorvoll, oft spöttisch, wissbegierig und sehr diskussionsfreudig – beinahe wie eine moderne junge Frau, die nicht auf den Mund gefallen ist. Vor allem aber hält die junge Lady ein wenig selbstgefällig viel auf ihre vermeintlich gute Beobachtungsgabe und große Menschenkenntnis. Aber wie kommt sie nur darauf? Die Bennet-Mädchen können nicht als gebildet oder gar weltläufig gelten, denn sie hatten weder eine Gouvernante noch haben sie eine Schule besucht; keinesfalls sind sie weit herumgekommen. Ihre Situation entspricht der aller Töchter der *landed gentry* im England des 18. und 19. Jahrhunderts mit all ihren wirtschaftlichen und gesellschaftlichen Zwängen. Unsere Heldin ist zwar einigermaßen belesen, musiziert und malt mehr schlecht als recht – mehr aber auch nicht. Der Kontakt zu wohlhabenderen Kreisen ist eher selten. Man versteht die Sorge der Mutter, deren einziger Gedanke jungen Männern als Heiratskandidaten ihrer hübschen Brut gilt, und beneidet sie wahrhaftig nicht. Welch ein Glück, dass in unmittelbarer Nachbarschaft der sympathische junge und obendrein noch äußerst betuchte Charles Bingley einzieht, der sich auch gleich in die Älteste, Jane, verliebt! Und einen ebensolchen Freund, Fitzwilliam Darcy, hat er praktischerweise gleich mitgebracht ...

... wäre da nicht Elizabeths verwegene Idee, bei aller Einsicht in die Notwendigkeit einer »Versorgungsehe«, auch aus Liebe zu heiraten. Wenn sie schon muss. Sie weiß wie immer genau, was sie will: sich selbst ein Urteil bilden und allen Belehrungen zum Trotz persönlichen Neigungen folgen. Damit aber ist Miss Lizzy als Frau ihrer Zeit gehörig voraus.

Einen ersten Verehrer, ihren tumben weitläufigen Verwandten Mr. Collins, schlägt sie direkt in die Flucht.

Recht gewagt, denn damit setzt sie zu jener Zeit ihre Existenz, ja die der Familie, aufs Spiel. Und ihr (Vor-)Urteil über Mr. Darcy, wie es schlechter nicht sein könnte, steht flugs fest. Denn wer wüsste es besser als sie! Arrogant, selbstverliebt, ungehobelt. Die stolze Elizabeth verzeiht ihm nicht und lässt es verbal deutlich spüren, dass er, zugegeben, rüde und versnobt, einen Tanz mit ihr ausschlägt, weil sie ihm nicht hübsch genug sei. Ziemlich offen hat der junge Mann zu verstehen gegeben, wie spießig und langweilig ihm die ganze Gesellschaft erscheint, und sich, nun ja, schlichtweg danebenbenommen. Sie verzeiht ihm nicht, dass er die Verbindung ihrer Schwester mit seinem Freund Bingley zerstört, weil er fürchtet, Jane sei nur hinter des Freundes Geld her. Sie verzeiht ihm nicht, den sie umwerbenden smarten Offizier Wickham angeblich um sein Erbteil betrogen zu haben. Die Gerüchteküche bestätigt doch alles, und sie hat ja solche Menschenkenntnis!

Siegerin im Kampf gegen Stolz und Vorurteil

Da ist leider etwas gehörig schiefgegangen – eine völlig verfahrene Situation. Der gekränkte Darcy aber geht in sich, sieht sein Fehlverhalten ein, räumt mit Vorurteilen auf und klärt Irrtümer auf, schreibt einen Brief. Vieles ist unglücklich verlaufen und stellt sich in Wirklichkeit anders dar, als Elizabeth zu wissen glaubte. Wickham etwa ist mit ihrer jüngsten Schwester Lydia durchgebrannt. Darcy rettet die Situation stillschweigend, indem er die Heirat von Wickham mit Lydia forciert, und lässt sich das eine Menge kosten. Die Beziehung zwischen Bingley und Jane bringt er wieder ins Lot. Und Elizabeth? Sie gerät ins Grübeln, müht sich, ist selbstkritisch und einsichtig bis zur Schmerzgrenze; sie erkennt ihren falschen Stolz, ihre Leichtgläubigkeit und ihre Vorurteile: Niemals habe sie sich selbst wirklich gekannt, und Selbsterkenntnis sei einfach erniedrigend. Ungewöhnlich offen und mutig steht sie zu ihren Fehlern, wird nachsichtig gegenüber anderen und ändert ihr Verhalten. Nun gut, ihre ironische Bemerkung, sie habe den wahren Mr. Darcy erst erkannt, als sie sein hochherrschaftliches Anwesen Pemberley gesehen habe, dürfte ein Gran Wahrheit enthalten haben ...

Ohne Rücksicht auf Standesunterschiede, denn er ist von höherem Adel als die Bennet-Familie und wirklich reich, hält Darcy – ein zweites Mal, nun mit Erfolg – um die Hand Elizabeths an, die er inzwischen nicht nur wegen Äußerlichkeiten (sie sei eine der reizendsten Frauen aus seinem Bekanntenkreis), sondern auch wegen ihrer starken Persönlichkeit schätzen gelernt hat. Da haben sich zwei, die gut zueinanderpassen, gefunden!

LEBENSLAUF

Jane Austen, geboren am 16. Dezember 1775 als siebtes Kind des Pfarrers Georg Austen und seiner Frau Cassandra in Hampshire, gestorben am 18. Juli in Winchester, gehört zu den populärsten englischen Schriftstellerinnen. Als ihr Roman »Stolz und Vorurteil« im Jahr 1813 erschien, musste schon ein halbes Jahr darauf die zweite Auflage gedruckt werden, und noch 2003 landete das Buch in einer Umfrage der BBC nach dem beliebtesten Buch auf Platz zwei. Bereits 1938 gab es eine erste Verfilmung, der mehrere Spiel- und Fernsehfilme in Großbritannien, den USA und auch in Indien folgten. 2005 entstand die französisch-englische Koproduktion unter der Regie von Joe Wright. Für ihre Darstellung der Elizabeth Bennet wurde Keira Knightly für den Oscar nominiert.

Keira Knightley als Elizabeth Bennet
in der Verfilmung von Jane Austens
»Stolz und Vorurteil«, 2005.

Elizabeth
Cady Stanton

Frauenrechtlerin
1815–1902

*»Das Rassenvorurteil,
von dem wir so oft hören,
ist nicht stärker als Sexismus.
Er wird von derselben
Ursache hervorgebracht
und äußert sich
sehr ähnlich.«*

UNERMÜDLICHE STREITERIN FÜR DIE RECHTE DER FRAUEN

Ob Mann oder Frau, alle Menschen haben die gleichen Rechte auf Leben und Freiheit – diese unumstößliche Überzeugung bestimmte die Biografie der Amerikanerin Elizabeth Cady Stanton. In ihren flammenden Reden und ihren brillant formulierten Briefen, Schriften und Büchern trat die streitbare Bürgerstochter für die Gleichbehandlung der Frauen in privaten wie religiösen, rechtlichen und ökonomischen Bereichen ein. Selbst Ehefrau und Mutter von sieben Kindern, machte sie sich zur öffentlichen Stimme gegen die Rechtlosigkeit und fehlende politische Teilhabe der Frau und wurde so zur führenden Gestalt der amerikanischen Frauenrechtsbewegung des 19. Jahrhunderts.

Erstes politisches Engagement gegen Sklaverei

Aufgewachsen in einer finanziell gut gestellten Großfamilie mit elf Kindern, förderten die Eltern die kritische Intelligenz ihrer Tochter und ermöglichten Elizabeth eine für ihre Zeit und insbesondere ihr Geschlecht exzellente Ausbildung. Ihr Vater, ein politisch aktiver Richter, weckte ihr Interesse für Fragen des Rechts und der Gerechtigkeit. Die kritische junge Frau wurde in der Antisklaverei-Bewegung aktiv und traf dort nicht nur auf gleichgesinnte Männer wie Frauen, sondern auch auf den politischen Redner Henry Stanton, ihren späteren Ehemann. Elizabeth setzte sich über die Einwände der Eltern hinweg, die um die finanzielle Versorgung ihrer Tochter bangten, und gab Henry 1840 das Jawort. Im selben Jahr reisten beide zum Weltkongress gegen Sklaverei nach London, wo sie auch auf die Quäkerin Lucretia Mott trafen, die zu den Hauptakteuren des Abolitionismus, der Bewegung für die Abschaffung der Sklaverei, gehörte. Allerdings mussten die Frauen den Kongress hinter einem Vorhang verfolgen und blieben ohne jedes Mitspracherecht. Nicht zuletzt diese Erfahrung bestärkte Elizabeth in ihrem Entschluss, fortan vor allem gegen die weibliche Diskriminierung anzukämpfen.

Seneca Falls – Geburtsstunde der amerikanischen Frauenbewegung

Auch wenn die Familie Stanton 1846 in die Provinz nach Seneca Falls im Bundesstaat New York zog, wo Elizabeth vom direkten Austausch mit gleichgesinnten Geschlechtsgenossinnen weitestgehend abgeschnitten war, verfolgte sie ihre Ziele unermüdlich weiter. Gemeinsam mit Lucretia Mott berief sie in ihrem neuen Wohnort 1848 die erste öffentliche Versammlung für Frauenrecht ein. Die etwa 100 Teilnehmerinnen und Teilnehmer diskutierten über die Diskriminierung der Frau und forderten in der »Declaration of Sentiment« unter anderem einen besseren Zugang zu Bildung und

Beruf, das freie Verfügungsrecht über Eigentum und Einkünfte, erweiterte Scheidungsmöglichkeiten und nicht zuletzt das Frauenstimmrecht. Ausgehend von diesem ersten Kongress, kam es landesweit bald zu ähnlichen Zusammenkünften.

Gemeinsam stark: ein unzertrennbares Frauenbündnis

Mit der Frauenrechtlerin Susan B. Anthony verband Elizabeth Cady Stanton eine jahrzehntelange tiefe Freundschaft und lebendige Arbeitsgemeinschaft. Beide traten für die gleiche Sache ein, auch wenn sie unterschiedliche Schwerpunkte setzten: Stand für Susan der Kampf um das Wahlrecht für Frauen klar im Vordergrund, war Elizabeths Engagement globaler. Sie forderte mehr Bildungschancen für Frauen, eine Reformierung des Ehe- und Scheidungsrechts, und sie kritisierte die weibliche Unterdrückung durch die Kirche. Ihre 1895/98 veröffentlichte »Woman's Bible« verstand sie als Gegenentwurf zur gängigen Auslegungspraxis verschiedener Bibelstellen, die als Beleg für die gottgegebene Nachrangigkeit der Frau herangezogen wurden.

Als sich die beiden 1851 kennenlernten, war Elizabeth durch ihre Kinder stark ans Haus gebunden. Also teilten sie die Arbeit unter sich auf: Während Susan vor allem die Organi-

LEBENSLAUF

Als die am 12. November 1815 in Johnstown, New York, geborene Elizabeth Cady Stanton im Alter von 86 Jahren im Oktober 1902 in New York starb, verlor die amerikanische Frauenbewegung eine ihrer streitbarsten Vertreterinnen. Die Radikalität, mit der sie gegen die Diskriminierung der Frauen innerhalb der Familie und der Gesellschaft ankämpfte, verstörte die konservativen Geschlechtsgenossinnen. Vor allem Elizabeth Cady Stantons Kritik an der Kirche und den »erniedrigenden Lehren« der Bibel barg eine Spaltung der Bewegung in sich. So erklärte sie, dass es für Frauen keineswegs lobenswert sei, »Basare und Wohltätigkeitsveranstaltungen zu organisieren für Kirchen, in denen die Begabtesten ihres Geschlechts weder beten noch predigen dürfen, keine Ämter innehaben und kein Stimmrecht besitzen, wenn es um Geschäfte, Glaubensdinge und Kirchenordnung geht, und von deren Altären Bibelinterpretationen ausgehen, die die Unterdrückung der Frauen bezwecken«.

sation übernahm und als Rednerin durch das Land reiste, sorgte Elizabeth mit ihren wohlformulierten Redemanuskripten, Briefen und Artikeln für die ideologische Zugrichtung. Zunächst wurden die beiden Frauen im Bundesstaat New York aktiv und setzten sich hier für das Recht von Ehefrauen auf Besitz sowie das Sorgerecht für Mütter und das Witwenrecht ein. Auf ihre Initiative hin gründete sich während des Amerikanischen Bürgerkriegs (1861–1865) mit der »Women's Loyal National League« die erste politische Frauenorganisation auf Landesebene, die sich unter anderem für die umgehende Befreiung von Sklaven starkmachte. Auch ihren Kampf für das Frauenstimmrecht verloren die beiden nicht aus den Augen. 1869 gründeten sie die »National Woman Suffrage Association«, die einen Vorschlag für eine bundesweite Verfassungsänderung zugunsten der Frauen erarbeitete.

Bis es dazu kam, sollten allerdings noch einige Jahre ins Land gehen. Und als dann 1920 endlich das Frauenwahlrecht in der amerikanischen Verfassung verankert wurde, lebte Elizabeth Cady Stanton längst nicht mehr. Dennoch – ohne sie wäre diese Errungenschaft der Frauenbewegung nicht denkbar gewesen. Ihrem nie nachlassenden Einsatz im Kampf für die Gleichberechtigung war es zu verdanken, dass die Stimmrechtsbewegung in den Vereinigten Staaten auf eine so große Resonanz bei den Frauen stieß und letztlich von Erfolg gekrönt war.

Elizabeth Garrett Anderson

Pionierin der Hochschulmedizin · 1836–1917

»(...) ich kann nicht
ohne eine nützliche
Tätigkeit leben.«

DIE ERSTE
ÄRZTIN
GROSSBRITANNIENS

Dabei hatte Dad doch alles getan, um das Töchterchen auf eine Zukunft als brave Ehefrau und treusorgende Mutter, nothing else, vorzubereiten! Der wohlsituierte Kaufmann Newson Garrett aus Whitechapel östlich von London hatte dafür Sorge getragen, dass seine zehn Kinder zunächst vermittels Hausunterricht, im jugendlichen Alter dann in angesehenen Schulen den bestmöglichen Unterricht erhielten und die Töchter alsbald passable Ehemänner hätten vorweisen können. Da hatte er die Rechnung aber ohne den Dickschädel und das Durchhaltevermögen seiner Beth, wie Elizabeth Garrett kurz und bündig genannt wurde, gemacht, die in der Schule bereits die Vermittlung naturwissenschaftlicher und mathematischer Kenntnisse vermisste. Nun ja, wenigstens wurde man angehalten, Französisch zu sprechen ...

Von 1854 an gab es kein Halten mehr: Nach einer Begegnung mit der ambitionierten Frauenrechtlerin Emily Davies ahnte die 18-jährige Elizabeth, dass Frauen durchaus viel mehr sein konnten als Heimchen am Herd – allerdings mussten sie es sich erkämpfen. Nach dem Besuch einer Vorlesung ihrer Namensvetterin Elizabeth Blackwell, der ersten amerikanischen Ärztin, stand für sie fest: Sie wollte Ärztin werden und etwas Nützliches tun. Dad war außer sich – disgusting, eine solche Tätigkeit für eine Frau! Aber selbst ein vom Vater arrangiertes Praktikum in der chirurgischen Abteilung eines Krankenhauses, gedacht als kleine Schocktherapie – Schmutz, offene Wunden, Gestank, Infektionen, Sterbefälle –, bewirkte eher das Gegenteil: Hier war doch Handlungsbedarf! Einfacher gesagt als getan, selbst für eine so resolute und dynamische junge Frau.

Tatkräftige Kämpferin
für Frauen
in der Medizin

Colleges nahmen keine Frauen auf, und so wählte die findige Elizabeth einen anderen Weg. Als Krankenschwester am Middlesex Hospital besuchte sie frank und frei die allein den männlichen Medizinstudenten zugedachten Vorlesungen. Es mag daran gelegen haben, dass die junge Frau immer schon ein bisschen besser war als andere, eben auch als Männer, und dies nicht verbarg. Jedenfalls beschwerten sich die Kollegen über die »störende« Anwesenheit einer jungen Frau bei den Anatomievorlesungen. Diese Anwesenheit sei schier ein Verbrechen gegen die männliche Gefühlswelt und, ein guter Rat fürs Leben, Miss Beth, wirke im Übrigen vernichtend hinsichtlich des Respekts gegen und die Bewunderung für das weibliche Geschlecht im Allgemeinen. Die beratungsresistente junge Frau scherte sich nicht drum, nahm weiterhin teil und gab genauso keck wie unmissverständlich entsprechende Antworten.

Eine Nachlässigkeit des Apothekerverbands wusste sie sich zu Nutzen zu machen und schritt damit weiter ihrem großen Ziel entgegen: Hier waren Frauen nicht explizit von Prüfungen ausgeschlossen. Mit einem Abschluss als Apothekerin sowie einer nachgewiesenen fünfjährigen Tätigkeit unter der Anleitung eines Arztes wäre ihr eine selbstständige medizinische Tätigkeit gestattet. Der Verband änderte umgehend seine Satzung – da hatte Elizabeth aber längst die Prüfung abgelegt. Dad kapitulierte und tat ein Übriges dazu, nämlich Geld, und die Lady eröffnete 1866 St. Mary's Dispensary for Women, eine Art Krankenstation mit Apotheke, die später um eine Station mit zehn Betten erweitert und zum New Hospital for Women and Children mit einem rein weiblichen Mitarbeiterstab wurde. Während ihrer ärztlichen Tätigkeit

LEBENSLAUF

Geboren wurde Elizabeth Garrett am 9. Juni 1836 in Whitechapel, London. Im Jahr 1866 eröffnete sie ihr erstes Krankenhaus mit angegliederter Apotheke und Anfang der Siebzigerjahre gemeinsam mit der Ärztin und Frauenrechtlerin Sophia Jex-Blake die *London School of Medicine for Woman*, an der Krankenschwestern und Ärztinnen ausgebildet wurden. Am 9. Februar 1971 heiratete Elizabeth in London den Reeder George Skelton Anderson und trug fortan den Doppelnamen Garrett Anderson. Sie hatten zwei Töchter, von denen eine früh an Meningitis starb, und einen Sohn. Die 1873 geborene Louisa wurde ebenfalls Ärztin.

Sie selbst war die erste offizielle Ärztin Großbritanniens, die erste promovierte Medizinerin in Frankreich, das erste weibliche Mitglied der British Medical Association und die erste Dekanin einer medizinischen Fakultät. Elizabeth Garrett Anderson hat für alle Frauen in England den Weg bereitet, als Krankenschwester und Ärztin mit fundierter Ausbildung arbeiten zu können. Bahnbrechend waren außerdem viele ihrer Erkenntnisse in der Frauenheilkunde und Geburtshilfe.

begegnete Elizabeth Garrett auch ihrem späteren Mann James Anderson. Ganz Feministin, behielt sie ihren eigenen Familiennamen bei.

M. D. Elizabeth Garrett Anderson – immer die Erste

Trotz all dieser Erfolge gab es einen wunden Punkt: Nach wie vor blieb ihr ein wissenschaftlicher Grad verwehrt. Elizabeth wäre nicht Elizabeth gewesen, wäre ihr nicht auch hier eine Lösung eingefallen. Durften nicht in Paris an der Sorbonne Frauen in Medizin promovieren, und war nicht ihr Schulfranzösisch ausbaubar? Mais oui! Das Französisch war rasch im Selbststudium aufpoliert und der Doktorgrad mit einer Arbeit über die Migräne erlangt. 1874 gründete Garrett Anderson mit einigen Mitstreiterinnen die *London School of Medicine for Women*, an der sie lange Jahre unterrichten sollte und deren Abschlüsse öffentlich anerkannt wurden. Ihre Vision war Wirklichkeit geworden.

Ihre Sympathien für die Sufragetten und ihre Neigung, sich für die Rechte der Frauen einzusetzen, etwa für die Erlangung des Wahlrechts, hat sie nicht ganz so intensiv ausgelebt, wie es ihrem Naturell wohl entsprochen hätte. Schließlich könne sie ja nicht an mehreren Fronten gleichzeitig anecken! Ach ja, nachdem sie sich aus dem Berufsleben zurückgezogen hatte und nach Aldeburgh, Suffolk, ging, wurde sie 1908 die erste weibliche Bürgermeisterin Großbritanniens.

Kaiserin Sisi

Kaiserin von Österreich
1837–1898

»Unsere Träume
sind immer schöner,
wenn wir sie
nicht verwirklichen.«

DIE
TRAGISCHE
KAISERIN

Michael, »Bully«, Herbig gehört zu den wenigen, die sich über »Sisi« lustig mach(t)en. In seiner Animationsparodie »Lissi und der wilde Kaiser« (2007) lässt der bayerische Comedian und Regisseur seine Heldin durch ein Alpenpanoptikum stolpern und »Fraaaanz« nach vielen Teufeleien wieder in die Arme fallen. Der charmante Streifen mit Anspielungen auf die »Sisi«-Filme der 1950er Jahre mit Romy Schneider in der Titelrolle bereicherte die Palette der unter einem Kaisergebirge aus Kitsch verborgenen Lebensdeutungen über die Ehefrau des österreichischen Kaisers und ungarischen Königs Franz Joseph I. (1830–1916) um herrlich absurde Noten. Der »wahren Persönlichkeit der vielfach missverstandenen Kaiserin Sisi«, so das Sisi-Museum in der Wiener Hofburg, kommen wir damit aber keinen Schritt näher, geschweige denn der historischen Wahrheit. Seit Langem wird das »Traumpaar« an der Spitze der Donaumonarchie benutzt, »um

festgefahrene Bilder von Geschlechterrollen, wie denn ein Herrscher und ›seine‹ Frau auszusehen und zu sein hätten, zu rechtfertigen und zu festigen. Und sie dienen dazu, ein untergehendes Vielvölkerreich, eine untergehende Dynastie in schönfärberischem Licht zu präsentieren und den Blick von den Schattenseiten der habsburgischen Geschichte abzulenken«, so Stephan Gruber, einer der Autoren des österreichischen Internetprojekts »Die Welt der Habsburger«. Die illusionslose Sicht hilft uns, aus einem Meer von Devotionalien (»Objekte wie das Taufkleid und Sisis Milchzahn werden nur zu bestimmten Anlässen ausgestellt.«) ein Leben zu bergen, das weniger Märchen als Missverständnis und Missvergnügen war.

Rastlose Reisen

Elisabeth, der Spross einer wittelsbachischen Nebenlinie, wurde am Heiligen Abend 1837 in München geboren. Den Namen hatte sie von einer

Schwester ihrer Mutter Ludovika. Die scheue, aber sehr lebhafte und liberal erzogene Herzogstochter genoss eine unbeschwerte Kindheit am Starnberger See, bis Tante Sophie ihr diese am 16. August 1853 nahm. Die Erzherzogin und Mutter des jungen österreichischen Kaisers (ab 1848) Franz Joseph organisierte in Bad Ischl ein Stelldichein mit zwei Töchtern Ludovikas. Franz Joseph verliebte sich aber nicht, wie vorgesehen, in Helene, sondern in deren 15-jährige Schwester. Drei Tage später beschloss er, sie zu heiraten. Verwandtenehen zählten für die Habsburger seit Jahrhunderten zur Staatsräson, Liebe und Eheglück waren nicht notwendig, aber angenehme Begleiterscheinungen. Alles wurde nun arrangiert, und am 24. April 1854 läuteten für Sisi – wie sie zu diesem Kosenamen kam, ist nicht geklärt – und Franz in der Wiener Augustinerkirche die Hochzeitsglocken. Aus einer sommerlichen Romanze wurde bitterer Ernst. Die Hauptstadt lag der jungen Kaiserin zu Füßen, der Teenager aus Bayern aber zeigte sich überfordert.

Die Flitterwochen in Schloss Laxenburg gestalteten sich einsam, weil Franz Joseph I. in Wien präsent sein musste. Das Leben der jungen Braut nahm die Schwiegermutter in die Hand. Elisabeth war nun eingezwängt in ein streng geregeltes Hofleben voller hässlicher Intrigen, entsetzt über die ungebildeten Hofschranzen und unglücklich, weil sie sich nicht persönlich um ihre Töchter Sophie (1855–1857) und Gisela (1856–1932) kümmern durfte. Erst nach der Geburt ihres Sohnes, des Kronprinzen Rudolf (1858–1889), wagte die inzwischen erwachsene Sisi, eigene Entscheidungen zu fällen – und verließ Wien aus Gesundheitsgründen Richtung Madeira. Damit begann eine nie endende Flucht vor ihrer eigentlichen Aufgabe an der Seite des Kaisers. An vielen Orten in Europa hinterließ sie Spuren, besonders aber hatte es ihr die Insel Korfu angetan. Finanziert aus der Privatschatulle ihres Mannes, gab sie ihrer Griechen-Begeisterung mit dem Bau des Achilleions Ausdruck. Dennoch – auch die dem trojanischen Helden gewidmete Villa (1891) konnte ihr nicht die Rastlosigkeit nehmen.

Ein Herz für die Ungarn

In Wien ging Elisabeth ihren kaiserlichen Pflichten nur widerwillig nach, viel lieber provozierte sie den Hof mit unkonventionellem Benehmen. Dazu gehörten exzessiver Sport, wofür sie sich extra Turnzimmer in der Hofburg und in ihren Schlössern einrichten ließ, Reiten bis zum Umfallen und Gewaltmärsche im Korsett. Sie rauchte und ließ sich tätowieren. Bei all dem betrieb Sisi einen ausufernden Schönheitskult, der sie nebenbei zur Modeikone machte. Sie arbeitete hart und ausdauernd an ihrer Wespentaille, ließ sich einnähen in ihre engen Kleider, sich stundenlang ihr dichtes Haar frisieren. Darüber hinaus war sie ständig auf der Suche nach wirkungsvollen Diät-, Hunger- und Badekuren. Doch trotz allem konnte auch Sisi das Alter nicht abwenden – seit den späten 1860er Jahren stellte sich die Kaiserin nicht mehr den Fotografen.

Elisabeth begeisterte sich für »skandalöse« Dichter, liebte vor allem Heinrich Heine. Als geradezu staatsgefährdend angesehen wurde aber Sisis Vorliebe für alles Ungarische. Gelegenheit zu Unterstellungen gab ihre enge Beziehung zu dem 1850 zum Tode verurteilten Freiheitskämpfer Graf Gyula Andrássy, der sich der Hinrichtung durch Flucht entzogen hatte und 1860 begnadigt worden war. Unter seinem Einfluss setzte sich Elisabeth für die Gleichberechtigung der Magyaren ein, deren Beziehung zu Österreich seit 1848/49 von Spannungen gekennzeichnet war. Nach der Niederlage in der Schlacht gegen die Preußen bei Königgrätz machte Franz Joseph dann 1867 den Weg für die k(aiserliche) u(nd) k(önigliche) Doppelmonarchie frei. Andrássy wurde ungarischer Ministerpräsident, und die begeisterten Ungarn schenkten Sisi und Franz Joseph Schloss Gödöllö, das die in Budapest gekrönte Königin immer wieder gern aufsuchte. Elisabeth revanchierte sich und gebar 1868 ihr viertes und letztes Kind, Marie Valerie († 1924) – in Budapest. Ihren Kaiser trat sie Mitte der 1880er Jahre an die Burgschauspielerin Katharina Schratt ab.

Sisis Tod sollte das letzte Glied in der Kette ihres missverständlichen Lebens sein. Bei einem Aufenthalt in Genf rammte ihr am 10. September 1898 ein italienischer Anarchist eine spitz geschliffene Dreikantfeile in die Brust. Eigentlich wollte Luigi Lucheni einen französischen Prinzen ermorden, der hatte seine Reise aber nicht angetreten.

Begraben ist Elisabeth, Kaiserin von Österreich und Königin von Ungarn, an der Seite Franz Josephs in der Wiener Kapuzinergruft. Das Mordinstrument ist im Sisi-Museum zu sehen.

LEBENSLAUF

Sisi suchte ihre Freiheit in Reisen ohne Mann und Kind. Es zog sie nach Madeira und Korfu, Bad Ischl und München, Meran und Gödöllo oder auch an die französische Riviera. Ihre Reiselust trieb sie nach Kleinasien, Nordafrika und in das Osmanische Reich, um dort die Reste des antiken Troja zu besichtigen. Sie bereiste sogar mit umfangreichem Gefolge und ihren Pferden mehrmals die Britischen Inseln, um an halsbrecherischen Fuchs- und Hirschjagden teilzunehmen.

Lise Meitner

Kernphysikerin · 1878–1968

»Solange nur wir
die schlaflosen Nächte
haben und nicht Ihr,
solange wird es
in Deutschland
nicht besser werden.«

Brief an Otto Hahn,
Stockholm 1945

PHYSIKBESESSEN, GEGEN ALLE WIDERSTÄNDE

Lise kam durch den Hintereingang und war unsichtbar. Die Geschwister nannten sie »Wuzerl«, Staubkorn. Sie kürzte ihren Namen auf vier Buchstaben. Vorlesungen hörte sie versteckt unter den Holzrängen des Hörsaals. Männliche Studenten grüßten sie ostentativ nicht. Sie arbeitete ohne Gehalt und lebte in bescheidensten Verhältnissen, bisweilen mit geliehenen Möbeln. Auf Fotografien ist die Unscheinbare meist im Hintergrund zu sehen oder ganz klein am Bildrand, oft zu Männern aufblickend. Bedingungslose Liebe hat sie ein Leben lang Mühen, Entbehrungen, Ignoranz, Diskriminierungen und Demütigungen klaglos erdulden lassen. Die Liebe galt der experimentellen Physik – was daraus folgte, hatte sie den Männern in diesem Metier zu verdanken. Lise Meitner, die kleine Frau mit dem großen Willen, blieb zeitlebens die »Mitarbeiterin«, deren überragende Leistungen viel zu wenig gewürdigt wurden. Dabei haben ihr rastloser Erkenntnisdrang und ihre brillante Arbeit einer modernen Wissenschaft zum Durchbruch verholfen, und bescheiden, scheu und unbeugsam hat sie Frauen den Weg in die Forschung geebnet.

Eine Ausnahme-Physikerin allein unter Männern

Zurückhaltend und still kannte man die kleine, blasse und zarte Elise Meitner, so wie es sich für eine höhere Tochter im Wien des späten 19. Jahrhunderts geziemte. Aber welche Energien und welche Leidensfähigkeit verbargen sich in ihr! Weil Mädchen an Gymnasien damals nicht zugelassen waren, legte Lise zunächst das Lehrerinnen-Examen und erst mit 22 Jahren die Reifeprüfung ab – mit dem Ziel, Physik zu studieren. 1901 nahm sie ihr

Studium der Physik, Mathematik und Philosophie in Wien auf, wo sie 1906 als zweite Frau im Fach Physik promoviert wurde.

1907 ging sie nach Berlin, um die Vorlesungen von Max Planck zu hören. Doch da in Preußen Frauen erst ab 1909 zum Studium zugelassen wurden, waren die einzigen weiblichen Gestalten am Chemischen Institut der Berliner Universität die Putzfrauen. Professoren, allen voran Max Planck, sahen Studentinnen nur als Fremdkörper in ihrer Männerdomäne. Die Vorlesungen hörte Lise heimlich, unterhalb der Hörsaalsitze. Um mit dem jungen Chemiker Otto Hahn arbeiten zu können, musste die Forscherin die Räume durch den Hintereingang betreten, um nicht gesehen zu werden. So begann die für die Wissenschaft fundamental wichtige Arbeitssymbiose zweier Ausnahmewissenschaftler und gegensätzlicher Charaktere.

Planck sollte schon bald vor den Leistungen der Unbeugsamen kapitulieren und sie zur ersten Universitätsassistentin Preußens machen – inoffiziell. Mit Hahn arbeitete sie parallel am neuen Institut für Chemie der Kaiser-Wilhelm-Gesellschaft in Berlin – unentgeltlich. Da die Zulassung der Frauen zu einer Hochschullaufbahn in Preußen noch länger auf sich warten ließ als die zum Studium, wurde Lise Meitner erst 1918 die Leitung der radiophysikalischen Abteilung am Institut übertragen, und im Jahre 1926 konnte sie als erste Professorin für Physik in Preußen ein akademisches Amt bekleiden. Ihre Antrittsvorlesung ging, folgt man dem Bericht eines Journalisten, über »Probleme der kosmetischen Physik«. Schließlich stammte die Schrift ja von einer Frau. Und doch: Auch wenn es gedauert hatte, Meitner hatte sich als Frau einen Platz in der Welt der Wissenschaft er-

LEBENSLAUF

Lise Meitner kam am 7. November 1878 in Wien zur Welt und veröffentlichte nach ihrem Studium und der Promotion schon 1907 ihre erste wissenschaftliche Arbeit über Alpha- und Beta-Strahlen. 1909 entdeckt sie gemeinsam mit Otto Hahn den radioaktiven Rückstoß bei der Aussendung von Alpha-Strahlen und erläuterte diese Entdeckung vor der Physikalischen Gesellschaft. Nach ihrem Einsatz als Röntgenschwester während des Ersten Weltkriegs setzte sie 1917 ihre Zusammenarbeit mit Hahn fort. 1938 war sie beteiligt an der Entdeckung der Kernspaltung und lieferte mit ihrem Neffen 1939 deren erste theoretische Deutung. An der Technischen Hochschule in Stockholm blieb sie bis 1960 und siedelte dann nach Cambridge in Großbritannien über, wo sie am 27. Oktober 1968 starb.

Bundespräsident Heuss gibt einen Empfang für prominente Wissenschaftler zum 100. Geburtstag von Max Planck. Zu sehen sind hier: Otto Hahn, Max Hartmann, Werner Heisenberg, Theodor Heuss und Lise Meitner.

kämpft. Als Jüdin aber wurde ihr 1933 die Lehrerlaubnis wieder entzogen. Sie forschte noch einige Zeit gemeinsam mit Otto Hahn am Kaiser-Wilhelm-Institut, musste Deutschland jedoch 1938 verlassen und strandete in Stockholm, wo sie eine bescheidene Stellung am schlecht ausgestatteten Nobel-Institut erhielt.

Weltverändernde Erkenntnisse – von einer Frau

In den Berliner Jahren hatte Lise Meitner entscheidende wissenschaftliche Erfolge erzielt. Mit Hahn entdeckte sie unter anderem mehrere radioaktive Isotope und neue Elemente; sie erforschte die Alpha-, Beta- und Gammastrahlung, und ihre Veröffentli-

chungen und Vorträge stießen auf internationales Interesse. Auch in Stockholm unterrichtete Hahn Luise Meitner über seine Forschungen am Berliner Institut, hielt sie brieflich über seine Versuche auf dem Laufenden und bat sie nicht gerade uneigennützig um ihre Beurteilungen. Als Hahn und sein Mitstreiter Fritz Straßmann Ende 1938 experimentell den Zerfall eines schweren Urankerns in leichte Elemente feststellten, bedurfte es der Hilfe aus Stockholm. Meitner errechnete mit ihrem Neffen, dem Physiker Otto Robert Frisch, die frei werdende Energie, und ihr gelang nichts weniger als die physikalisch-theoretische Formulierung der Kernspaltung. Den Nobelpreis dafür erhielt 1945 Otto Hahn.

Trotz vielfacher später Ehrungen ist den Leistungen Lise Meitners bis heute zu wenig Gerechtigkeit widerfahren: Sie war die treibende Kraft bei Entdeckungen, hat zielgerichtet motiviert und mit scharfem Verstand Anregungen zu Versuchen gegeben, neue Methoden entwickelt, durch präziseste Berechnungen, durch hochkonzentrierte, systematische Vorarbeiten das Wesen nicht nur der Radioaktivität und Kernspaltung sichtbar gemacht. Der bescheidene Lohn spiegelt sich in ihrem Fazit: Das Leben müsse nicht leicht sein, wenn es nur inhaltsreich sei, und die Physik habe ihr eine wunderbare Welt eröffnet.

Elsa Maxwell

Journalistin und legendäre Gastgeberin 1883–1963

»Alles Geld der Welt macht keine gute Party. Ich habe Feste gefeiert, als ich nur zwei Pennys hatte.«

DIE LEGENDÄRSTE
GASTGEBERIN
DES
20. JAHRHUNDERTS

Sie ist alles andere als schön, stammt aus einer recht mittelmäßigen Familie, hat keine Ausbildung abgeschlossen und klettert doch lachend auf der sozialen Leiter nach oben, um alsbald auf Augenhöhe mit den Reichen, Schönen und Berühmten der Welt zu stehen.

Elsa Maxwell verlässt die Schule mit 14, und Zweifel daran sind erlaubt, ob sie tatsächlich, wie von ihr selbst oft behauptet, späterhin noch an der Sorbonne studierte. Musste sie auch gar nicht, denn das Multitalent ist außer mit allerbesten Kontakten mit Organisationsgeschick, einer gehörigen Portion unerschütterlicher Forschheit, unbändiger Lebensfreude, Mutterwitz und Unterhalterqualitäten gesegnet. Mit und ohne Klavier. Aber halt: Zunächst wurstelt sich die kleine Dicke, Tochter schottischer Einwanderer, die angeblich in einer Theaterloge zur Welt kam, als Kinopianistin, Mitglied einer Shakespeare-Truppe und von Varieté-Shows durch und gelangt so nach Europa. Wobei sie unendlich viele Kontakte knüpft – ihr Adressbuch muss unerschöpflich gewesen sein.

Ein Leben wie
ein Hollywoodfilm

Elsa Maxwell tut, was auf einer Skala von »unverschämt« bis »überlebenswichtig« an jeder Stelle rangieren könnte: Sie pflegt ganz bewusst einmal geschlossene Kontakte mit wichtigen Persönlichkeiten, die ihr und anderen einmal von Nutzen sein können. In Kombination mit ihrer einzigartigen Berufung werden sie es bald. Der Erfolg stellt sich ein, als Elsa 1919 mit einer von ihr organisierten Soirée für den britischen Außenminister Arthur Balfour im Pariser Hotel Ritz für Furore sorgt und sie zum Liebling der

Gesellschaft avanciert. Das hat es noch nie gegeben – die Partykönigin lädt für Auftraggeber ein! Ihre Feste sind Legende, die Hautevolee reißt sich um Einladungen und ist bereit, jeden, wirklich jeden Preis zu zahlen, um nur dabei sein zu dürfen. Sie lässt feiern an der Côte d'Azur, in Wien, Venedig, London, New York, in der Wüste, wenn es sein muss – und das in *locations*, von denen noch heute viele Menschen nur träumen können.

Die Gäste kommen in Scharen: *La Maxwell* wird nicht umsonst als »The hostess with the mostest« bezeichnet. Mehr als 2.000 Feste sollen es am Ende gewesen sein; unter den Geladenen Herrscher, Vertreter des Hoch- und Geldadels, Millionäre, Präsidenten und Weltstars. Elsa organisiert, tanzt, singt und lacht sich durch Bankette, Kostümfeste, Wohltätigkeitsveranstal-

tungen, Partys, Golfturniere, Auto- und Bootsrennen zunächst in Europa, seit den frühen 1930er Jahren wieder in New York und ab 1938 in Hollywood. Es sind gigantische, oft märchenhafte Events, immer mit dem ganz besonderen Kick wie etwa die *Fête champêtre* des französischen Barons Nicky de Gunzburg auf dessen Landsitz im Bois de Boulogne. Dort hat sie dessen Heim und mehrere Hundert Gäste mittels Dekor und Verkleidungen in eine komplette Bauerngesellschaft verwandelt. Und das ist nur ein Beispiel von vielen. Der »Gesellschaftselefant«, wie sich Elsa Maxwell nennt, erfindet populäre Partyspiele – Geld spielt nie eine Rolle – und gibt, wenn nötig, am Klavier selbst die Stimmungskanone, die jeden Saal zum Kochen bringt. Darin ist sie unerreicht.

LEBENSLAUF

Ihre Tipps für eine gelungene Party fasste die am 24. Mai 1883 geborene Elsa in ihrem 1957 erschienenen Buch »How To Do it – or The Lively Art of Entertaining« zusammen. Darin gibt sie in einer sehr kurzweiligen Art jeder potenziellen Gastgeberin Hinweise für die Gästeliste, die Einladung, den Einkauf, das Geschirr, die Menüfolge, den Blumenschmuck, die Begrüßung und Verabschiedung. Überrasche deine Gäste, so ihr Rat, denn Essen und

Trinken geben noch keine gute Party. Mit Spielen locke man sie aus der Reserve, und in ihrem Kapitel »Analyzing Some Parties« erzählt sie von ihren besten Ideen dafür. Sie rät, unbedingt jedes Detail im Voraus zu planen, und warnt vor Partykillern wie zu viel Spott und zu viel Alkohol. Hinweise, die auch heute noch gelten, wie der Erfolg ihres 2005 wiederaufgelegten Buches beweist.

Gruppenporträt mit Walter Reuben, Marlene Dietrich, Elsa Maxwell, Edith Gween, Douglas Fairbanks jr., Cesar Romero und Betty Furness, um 1930.

Königin der Klatschspalten

Elsa ist wahrhaftig eine Frau für alle Fälle, nur unterhaltsam muss es sein. Sie komponiert rund 80 Lieder, darunter einen erfolgreichen Schlager und ein Kriegslied für England, fungiert – hier allerdings weniger erfolgreich – als Schauspielerin, moderiert ihre eigene Radiosendung »Elsa Maxwell's Party Line« und ist Dauergast in Fernseh-Shows – Skandale garantiert. Dass sie kurzzeitig auch Nachtclubbesitzerin ist, sei hier nur am Rande erwähnt. Als Schriftstellerin veröffentlicht sie vier Bücher. *Das* berühmt-berüchtigte Highlight aber sind ihre Klatschspalten: Das ist neu, das ist aufregend für die Leserschaft, in der Regel Frauen, vor allem aber für ihre »Opfer«. Hier kriegt jeder schonungslos sein Fett weg, wie etwa Exkönig Faruk von

Ägypten, den sie als »eine der abstoßendsten Kreaturen, die Gott je erschaffen hat« aburteilt. Brigitte Bardot kommt mit »nackt und entsetzlich« vergleichsweise glimpflich davon. Schonungslos wird aus dem reichen Schatz der Erfahrungen geschöpft. Ganz nebenbei wirkt Elsa sehr erfolgreich als Stifterin aufsehenerregender Beziehungen: Die Ehen der Hollywood-Göttin Rita Hayworth mit Prinz Ali Khan, von Barbara Hutton und Prinz Alexis Mdivani sowie die Verbindung von Maria Callas und Aristoteles Onassis gehen auf ihr Konto.

Sie selbst heiratet nie und hinterlässt nichts. Aber ihr Fazit kann sich sehen lassen und darf, *to whom it may concern*, durchaus als Ansporn dienen: »Nicht schlecht für eine kleine dicke Klavierspielerin aus Keokuk, Iowa, ohne Geld und Background, die eine Legende werden wollte – sie wurde es.«

Elsa Maxwell klammert sich an
Gunter Sachs in St. Moritz, 1959.

»*Es ist das Geburtsrecht jeder Frau,
schön zu sein.*«

Elizabeth
Arden

Gründerin eines
Kosmetikimperiums
1884–1966

MAGNOLIE AUS STAHL

—

EINE JAHRHUNDERTKARRIERE IM GESCHÄFT MIT DER SCHÖNHEIT

Vaseline, Vitamine, Öle und Zitrusduft – es braucht nicht viel, um die Welt zu verändern. Die in einer kanadischen Kleinstadt in bescheidenen Verhältnissen geborene Florence Nightingale Graham aber scheint nahezu 30 Jahre lang auf den einen richtigen Moment gewartet zu haben, um sich zu entpuppen, die bisherige Existenz wie eine lästige Hülle abzuwerfen und als die zu leben, die sie in Wirklichkeit ist: Elizabeth Arden. Unter diesem Namen wird sie ein Imperium aufbauen und in die Geschichte der Schönheit eingehen.

Initialzündung für die Powerfrau

Früh mutterlos geworden, hilft sie dem Vater im Pferdestall und beim Marktverkauf der Ernte. Ohne Schulabschluss und fundierte Ausbildung schlägt sie sich mäßig als Krankenschwester, Schreibkraft und schließlich als Zahnarzthelferin durch. Hier blitzt ihr Talent erstmalig auf: Ihr Rundschreiben an die Patienten dürfte die erste Werbemaßnahme einer Zahnarztpraxis gewesen sein.

Florence will mehr und weiß doch nicht, was. Die Welt ist im Wandel, und eine Zeit ist nah, in der es für Frauen selbstverständlich ist, sich chic, aber bequem zu kleiden, ihr Haar natürlich zu frisieren und selbst ihr Erscheinungsbild zu bestimmen; erste Frauenmagazine wagen zaghafte Empfehlungen. Florence erahnt diese neue Welt, wagt 1909 den Sprung nach New York und avanciert dort im Salon einer Kosmetikfirma zur begehrtesten Masseurin. Schlagartig erkennt sie ihre Berufung und die Zeichen der Zeit: 1910, sie ist nun um die 30, eröffnet sie mit geliehenem Geld ihren ersten Schönheitssalon – zu einer Zeit, als Lippenstift tragende Frauen in der breiten Bevölkerung noch als Flittchen galten.

Der Vorname »Elizabeth« steht auf der Tür des ersten Salons, den sie mitsamt dem Namen übernimmt. Den ergänzenden Nachnamen entlehnt sie der Ballade »Enoch Arden« von Alfred Tennyson – »Elisabeth Arden«, so findet Florence, klingt elegant und mondän, hat Stil und Dynamik. Damit ist die Metamorphose zur ebenso knallharten wie wegweisenden Unternehmerin vollzogen. Der Name wird zur Marke und zum Grundstein für den Erfolg für Miss Elizabeth Arden. Der zierlichen Person mit der Vorliebe für die Farbe Rosa, mit ihrem jugendlich

wirkenden, natürlich-frischen Aussehen, einer hellen Stimme und einem oft mädchenhaften Verhalten werden etliche Attribute zugeschrieben: ehrgeizig, arbeitswütig, geschäftstüchtig, innovativ, wissbegierig, wagemutig, vital. Dem ersten Salon folgen Red-Door-Salons (alle ihre Salons haben rote Türen) auf der »millionair's row« Fifth Avenue in New York und bald unzählige überall auf der Welt.

Die Wegbereiterin der modernen Schönheitsindustrie

Ab jetzt sind die Entwicklung von Produkten für moderne, erfolgreiche und wohlhabende Frauen, wie sie selbst eine ist, und deren Vermarktung Elizabeth Ardens Leben und Leidenschaft. Klarsichtig diagnostiziert sie Bedürf-

LEBENSLAUF

Elizabeth Ardens ewige Konkurrentin Helena Rubinstein wagte ihren ersten Schritt von Europa nach New York im Februar 1916 und eröffnete dort ihren Salon auf der 49. Straße, direkt um die Ecke vom Arden-Salon. Den ersten großen Gegenangriff startete Elizabeth dann 1920 mit der Eröffnung ihres Salons im angestammten Revier Rubinsteins, in Paris. Den größten Coup landete sie jedoch Mitte der 30er Jahre mit der Abwerbung des Geschäftsführers Helena Rubinsteins,

den sie für ein Jahresgehalt von 50.000 Dollar einkaufte und der auch noch gleich elf leitende Angestellte mitbrachte. Helenas Rache aber traf hart: Sie stellte Ardens geschiedenen Mann ihrerseits als Geschäftsführer ein. Elizabeth heiratete im Übrigen 1942 noch ein zweites Mal: einen russischen Prinzen. Die Ehe dauerte allerdings nur 13 Monate – anders als die von Helena, die seit 1938 mit einem georgischen Prinzen liiert war und bis zu ihrem Lebensende verbunden blieb.

nisse und bietet eine völlig neue Kosmetiklinie an. Ihre Eight-Hours-Creme etwa ist bis heute Kult. 1912 marschiert sie mit 15.000 Suffragetten über die Fifth Avenue, um die Gleichstellung der Frauen einzufordern, und zum Zeichen neuen Selbstbewusstseins tragen alle knallroten Lippenstift. Während des Zweiten Weltkriegs entwickelt sie Kosmetik für Militärdienst leistende Frauen, farblich abgestimmt auf die Uniformen.

Seit 1914 produziert sie ihre eigenen Cremes, Wässer und Düfte, die natürliche Schönheit unterstützen und pflegen, statt zu maskieren. Revolutionär ist ihr Konzept ganzheitlicher Schönheit (total beauty), ein Komplettprogramm aus Bädern, Massagen, Sport, Ernährung und Körperpflege. 1934 eröffnet sie die erste Schönheitsfarm für die Damen der gehobenen Gesellschaft, und ihr Kosmetikkonzern ist als erster mit seinen Waren in Kaufhäusern vertreten. Sie erfindet Produkte in Reisegrößen und schickt, wieder ihrer Zeit voraus, Vertreterinnen für (Arden-)Pflegeprodukte in die Welt. Als erster und einziger amerikanischer Kosmetikkonzern ist Elizabeth Arden vor 1939 in Deutschland vertreten. 1956 eröffnet sie den ersten Schönheitssalon für Männer in New York.

Mit ihrem Gespür für lohnenswerte Kontakte pflegt sie Bekanntschaften mit Friseuren und Modeschöpfern wie Oscar de la Renta. Alle Mitarbeiter leiden Qualen unter ihrer Führung – und profitieren ein Leben lang davon. Persönliche Beziehungen sind nicht ihr Ding. Die Ehe mit Thomas Lewis Jenkins, der ihr Unternehmen zuverlässig managt, beendet sie abrupt, als er nach 18 Jahren ein wenig Mitbestimmungsrecht einfordert. Näher scheinen ihr der Rennstall und ihre Pferde zu sein, sie sind ihr Ein und Alles. Vielleicht weil sie so hohe Gewinne abwerfen.

Oft wird Elizabeth Arden mit ihrer Rivalin Helena Rubinstein verglichen, doch ist Elizabeth diejenige, die sich als Erste auf das völlig neue Terrain wagte. Zwischen 1915 und 1920 gehört ihr der größte Kosmetikproduzent der Welt.

Die Wegbereiterin der heutigen Schönheitsindustrie ist eine der ersten Frauen, die es 1946 auf das Cover des »Time Magazin« schaffen. 1956 erhält sie die Ehrendoktorwürde der Universität Syracuse/New York, und 1962 verleiht ihr die französische Regierung den Orden der Ehrenlegion. Am Ende ihres Lebens machen ihre zahllosen Firmen in der ganzen Welt Millionenumsätze.

Nach ihrem Tod geht das Unternehmen mehrfach in andere Hände über und in anderen Firmen auf. Die letzte davon hat bewusst wieder den Namen des erfolgreichsten Geschäftsmodells der Branche angenommen: Elizabeth Arden Inc.

»*In schwierigen Zeiten ist Mode immer grell und ausgefallen.*«

Modedesignerin · 1890–1973 Elsa
Schiaparelli

KÜNSTLERIN
DER
MODESZENE

Sie war der Paradiesvogel der Pariser Modeszene der 1930er-Jahre. Die Modedesignerin Elsa Schiaparelli schuf ausgefallene, mitunter sogar provozierende Entwürfe und ließ sich dabei von den Dadaisten und Surrealisten inspirieren. Darin unterschied sie sich von ihrer ebenfalls sehr erfolgreichen Konkurrentin Coco Chanel, die auf funktionale Schlichtheit setzte und Schiaparelli gerne etwas herablassend als »diese Italienerin, die Mode macht« bezeichnete. Die so Gescholtene wirbelte mit ihren Ideen sehr erfolgreich durch die Modewelt und bewies dabei, dass Kleidung nicht nur schön, sondern auch unterhaltsam sein kann.

Der Weg zum Erfolg

Kindheit und Jugend verbrachte Elsa Schiaparelli in Rom. Ihre von reicher Fantasie getragenen Lebensvorstellungen passten so gar nicht zu dem bürgerlichen, streng religiösen Elternhaus, von dem sie sich früh löste. Rebellisch und widerspenstig sei sie gewesen, so gesteht sie selbst in ihrer Autobiografie »Shocking Life«, auch dass sie den Namen Elsa, eine Kurzform von Elisabeth, nie gemocht habe. Sie ließ sich lieber kurz und frech »Schiap« nennen. Als junge Frau reiste sie quer durch Europa, verliebte sich in einen Theosophen, dem sie nach Amerika folgte. Kurz vor der Geburt ihres gemeinsamen Kindes verließ er sie. Als sie 1922 nach Europa zurückkehrte und sich in Paris niederließ, war sie Anfang 30, alleinerziehend und musste dringend Geld verdienen. Sie entschloss sich einigermaßen tollkühn, ihre »wilden« Ideen zu nutzen, um als Modeschöpferin zu arbeiten. Das erwies sich naturgemäß als nicht so einfach, denn sie hatte in Rom zwar Philosophie studiert, aber nie eine gestalterische Ausbildung erhalten. In einem der Modehäuser, in denen sie sich vorstellte, sagte man sogar zu ihr, sie habe nicht die geringste Ahnung von Mode und solle lieber Kartoffeln anpflanzen.

Doch dann verhalf ihr eine grandiose Idee zum Erfolg. 1928 kreierte sie einen schicken schwarzen Strickpullover, der mit einer eingearbeiteten weißen Schleife einen völlig neuartigen Trompe-l'œil-Effekt aufwies. Damit erregte sie Aufsehen und war plötzlich im Geschäft. Sie mietete ein Studio und entwarf weitere Pullover mit ungewöhnlichen Motiven, zum Beispiel mit eingestrickten Seemannstätowierungen, Krawatten oder mit Handschuhen auf den Hüften. Schon bald erweiterte sie ihr Sortiment um ebenso extravagante wie schicke Röcke und Kleider. Ihre Entwürfe trafen den Nerv der Zeit und erfüllten das Bedürfnis der Kundinnen nach Glanz und Glamour. 1930 wurde ihr erstes Abendkleid in der Modezeitschrift »Vogue« gezeigt. Plötzlich war es »in«, ihre Entwürfe zu tragen. Stars wie Joan Crawford, Gloria Swanson, Greta Garbo oder Mae West rissen sich um ihre Mode. 1934 hatte sie bereits acht Boutiquen in Paris und eine weitere in London.

Von der Kunst beeinflusst

In den 1930er Jahren schuf Elsa Schiaparelli ihre bekanntesten Kreationen und entwickelte dabei aufsehenerregende Neuheiten. Sie erfand den Hosenrock und polsterte Schultern mit Watte auf, etablierte den Reißverschluss in der Abendgarderobe und machte Furore mit dem asymmetrischen Diana-Dekolleté, bei dem eine Schulter nackt bleibt. Bei den Kleidern zeigte sich ihre Ideenvielfalt nicht nur in den raffinierten Schnitten, sondern auch in den Stoffen. Sie entwarf Stoffdrucke mit Zeitungsartikeln, Clowns oder Luftballons und setzte gerne kräftige Farben ein. Zu ihrem Markenzeichen wurde ein leuchtendes Magenta, das sie *shocking pink* nannte.

Zum Teil entstanden ihre Entwürfe in Zusammenarbeit mit den Pariser Künstlern und Intellektuellen, denen sie auch freundschaftlich verbunden war. Jean Cocteau skizzierte Stoffmuster für sie, Salvador Dalí inspirierte »Schiap« zu ihrem berühmten »Skelettkleid«, das in raffinierten Steppungen den Knochenaufbau auf schlichtem Schwarz nachbildet. Mit Dalí erfand sie auch die berühmte Telefontasche aus schwarzem Samt mit goldener Wählscheibe. Überhaupt Accessoires: Sie war die erste Modemacherin, die neben Kleidung auch Handschuhe, Gürtel, Hüte und Schuhe entwarf. Auch hierbei experimentierte sie nach Herzenslust mit Materialien, Formen und Farben. Ihre oft surrealen Hutkreationen hatten etwa die Form eines umgedrehten Schuhs, eines Tintenfasses oder eines Lammkoteletts. Sie kreierte Knöpfe in Form

LEBENSLAUF

Als Elsa Schiaparelli am 10. September 1890 auf die Welt kam, zeigten sich die Eltern zunächst überrascht, hatten sie doch einen Sohn erwartet und deshalb auch keinen Mädchennamen parat. Dass sie dann Elsa genannt wurde, daran war die deutsche Amme schuld. Als Kind soll Elsa nicht schön gewesen sein, jedenfalls meinte sie selbst zu hören, sie sei hässlich.

Also, so erinnerte sie sich später, habe sie ständig darüber nachgedacht, wie sie hübsch werden könnte, denn ein Mädchen müsse das ja sein. Sie träumte von einem Gesicht voller Blumen – Blumen waren das Schönste, was sie sich vorstellen konnte. Und so nahm sie Blumensamen und versenkte ihn in Ohren, Nase und Rachen.

von Vorhängeschlössern, Handschuhe mit eingestrickten Fingernägeln oder Halsketten, die wie aufgefädelte Aspirintabletten aussahen.

Stilprägend bis in die Gegenwart

In den späten 1930er-Jahren schuf Elsa Schiaparelli ihre Kollektionen nach Themen. So präsentierte sie 1937 für ihre »Musikkollektion« ganze Kleider mit Noten und Musikinstrumenten-Dekor. In die »Zirkuskollektion« brachte sie 1938 Clown- und Zirkuspferdmotive ein, und für die »Astrologiekollektion« (1938) entwarf sie Tierkreiszeichen und aufgestickte Sternenhimmel.

Trotz ihres großen Erfolgs blieb Elsa Schiaparelli privat eher verschlossen. Sie hatte viele Liebhaber, heiratete jedoch nicht wieder. Nach dem Ausbruch des Zweiten Weltkriegs verließ sie Paris. Als sie 1945 aus New York zurückkehrte, war die Zeit der farbigen, extravaganten Mode vorbei. Gefragt war nun eher der elegante, zurückhaltende Look. 1952 schloss sie ihr Atelier und zog sich aus der Modewelt zurück; 1973 starb sie an den Folgen eines Schlaganfalls.

Ihre provokanten Einfälle aber prägten die Mode weiterhin und hatten Einfluss auf Nachfolger wie Yves Saint Laurent, John Galliano oder Miuccia Prada. Und noch heute wirken ihre Entwürfe nicht weniger aufregend und ungewöhnlich als zu der Zeit ihrer größten Erfolge. »Kleidermachen ist für mich kein Beruf, sondern eine Kunst«, schrieb sie in ihrer Autobiografie. Und als Kunst bleiben ihre Kreationen unvergesslich.

Elisabeth
Selbert

Mutter des Grundgesetzes
1896–1986

»Die mangelnde
Heranziehung von
Frauen zu öffentlichen
Ämtern und ihre
geringe Beteiligung in
den Parlamenten
ist doch schlicht
Verfassungsbruch in
Permanenz.«

EINE VON VIEREN
GEGEN
61 MÄNNER

Wenn von den Vätern des Grundgesetzes die Rede ist, dann deswegen, weil oft vergessen wird, dass sich auch Frauen engagierten, als es darum ging, Deutschland nach dem Zweiten Weltkrieg eine neue Verfassung zu geben. Eine dieser aktiven Frauen – es gab insgesamt vier »Mütter« – war Elisabeth Selbert. Ihr ist zu verdanken, was wir heute als eine Selbstverständlichkeit ansehen: die vollständige Gleichberechtigung von Mann und Frau vor dem Gesetz.

Doch dies war so 1949 zunächst nicht geplant. Frauen sollten zwar die gleichen staatsbürgerlichen Rechte haben wie Männer, aber nicht die Möglichkeit bekommen, sich für ein politisches Amt zu bewerben. Der Platz der Frauen sei, so die Begründung, von Natur aus in der Familie, und nach dieser Vorstellung sei das gesamte (bis dahin gültige) Familienrecht ausgerichtet. Wenn Frauen nun auch politische Ämter offenstehen sollten, müsste das Familienrecht umgeschrieben werden. Um diesem, wie man meinte, »Rechtschaos« vorzubeugen, sollte die folgende Formulierung aus der Weimarer Verfassung erhalten bleiben: »Männer und Frauen haben dieselben staatsbürgerlichen Rechte und Pflichten.« Als Elisabeth Selbert, die diese Einschränkung nicht hinnehmen wollte, den Antrag stellte, Art. 3, Abs. 2 des Grundgesetzes abzuändern in: »Männer und Frauen sind gleichberechtigt«, gab es einen Aufstand unter den Männern, und ihr Antrag wurde abgelehnt. Nicht nur die politischen Gegner, sondern auch eigene Parteigenossen von der SPD stimmten im Parlamentarischen Rat gegen ihren Vorschlag. Doch Elisabeth Selbert war fest entschlossen zu kämpfen, und so mobilisierte sie gemeinsam mit ihrer SPD-Kollegin Frida Nadig diverse Frauenverbände sowie politisch aktive Widerständlerinnen, die ihren Protest in Briefen und Petitionen vehement und in nur wenigen Wochen zum Ausdruck brachten. Darüber hinaus gelang es ihr, auch die beiden anderen Frauen im Parlamentarischen Rat von CDU und Zentrumspartei für ihre Forderung zu gewinnen. Den massiven und überzeugenden Protest der Frauen konnte schließlich niemand mehr ignorieren, sodass am 18. Januar 1949 der Parlamentarische Rat einstimmig Selberts Formulierung für den Gleichberechtigungsartikel billigte. Am 23. Mai 1949 wurde das Grundgesetz verkündet und trat am darauffolgenden Tag in Kraft. Es war, wie Elisabeth Selbert später sagte, »die Sternstunde« ihres Lebens.

Langsame Fortschritte in der Gleichberechtigung

Allerdings dauerte die politische Umsetzung dieses Artikels noch Jahre. 1957 wurde das sogenannte Letztentscheidungsrecht des Ehemannes in familiären und ehelichen Belangen gekippt, aber erst 1976 verabschiedete man sich von folgender gesetzlich verankerter Weisung: »Die Frau führt den Haushalt in eigener Verantwortung. Sie ist berechtigt, erwerbstätig zu sein, soweit dies mit ihren Pflichten in Ehe und Familie vereinbar ist.« In der Praxis bedeutete dies, wenn der Ehemann der Meinung war, Familie und Beruf seien nicht miteinander zu vereinbaren, konnte er die Erwerbstätigkeit seiner Frau unterbinden. Bis 1976 gab es also in Deutschland keine volle Gleichberechtigung, obwohl das Grundgesetz eine solche garantierte.

LEBENSLAUF

Obwohl nach dem Ende des Zweiten Weltkriegs vor allem die Frauen an den Wiederaufbau des Landes gingen und bewiesen, dass sie den Männern durchaus ebenbürtig sind, taten diese sich schwer, das anzuerkennen. Auch Elisabeth Selbert, die schon 1946 in der Verfassungsgebenden Landesverfassung für Groß-Hessen tätig war, musste dies erfahren, als die hessischen Sozialdemokraten im Sommer 1948 die Entsendung Elisabeth Selberts in den Parlamentarischen Rat ablehnten. Erst nachdem der SPD-Vorsitzende Kurt Schumacher intervenierte, erhielt sie das Mandat. Eine erneute Enttäuschung erlebte Elisabeth Selbert 1958: Ihre angestrebte Nominierung als erste Richterin am Bundesverfassungsgericht scheiterte infolge der mangelnden Unterstützung aus den Reihen der SPD.

Und obgleich Frauen nach dem Gleichberechtigungsartikel nun hätten politische Ämter übernehmen und sich als Ministerinnen bewerben dürfen, so waren und blieben es noch wenige, die dies taten. Die erste Bundesministerin in der Bundesrepublik Deutschland wurde 1961 Elisabeth Schwarzhaupt, Österreich folgte 1966 mit Grete Rehor. 1984 dann wurde zum ersten Mal eine Frau – und eine Elisabeth – Mitglied im Schweizer Bundesrat: Elisabeth Kopp.

Die nüchterne Juristin und ihre emotionalste Debatte

Wer war diese kämpferische Elisabeth Selbert, die 1896 in Kassel geboren wurde, im Alter von fast 30 Jahren ihr Abitur extern nachmachte, was damals alles andere als eine Selbstverständlichkeit war, zumal sie, bereits verheiratet, zwei Söhne hatte? Und Elisabeth Selbert wollte nicht nur das Abitur, sie wollte Rechtswissenschaften studieren. Als einzige Jurastudentin nahm sie in Marburg ihr Studium auf und wechselte dann nach Göttingen, wo auf 300 Studenten immerhin fünf Frauen kamen. »In Marburg«, erzählte sie, »ließ mich der alte Professor Hildebrandt gelegentlich bitten, zur nächsten Vorlesung nicht zu kommen, weil er über Sexualdelikte sprechen wollte. Er hatte da wohl Schwierigkeiten vor seiner einzigen Studentin.« Unterstützt wurde Elisabeth

während ihres Studiums von ihrem politisch aktiven Mann, einem SPD-Mitglied. Sie promovierte und erhielt 1934 ihre Zulassung als Anwältin, ein Jahr bevor die Nazis Frauen anwaltliche Tätigkeiten verboten.

Nach dem Krieg wurde sie aufgrund der politischen Arbeit ihres Mannes und ihres eigenen Engagements in der SPD bereits 1946 in den SPD-Vorstand gewählt und bald vom sich neu formierenden Parlamentarischen Rat, der sich aus 61 Männern und vier Frauen zusammensetzte, für die Mitarbeit gewonnen. Ihr Durchsetzungsvermögen, ihre juristischen Kenntnisse und ihre politische Erfahrung – all das hätte sie für ein Richteramt, für einen Ministerposten oder ein anderes hohes Amt im Staat prädestiniert, aber sie blieb nur eine Abgeordnete im Hessischen Landtag. Sie war den Männern zu gefährlich. Sie zog sich aus der Politik zurück und konzentrierte sich auf ihre Selbstständigkeit als Anwältin. Bis ins hohe Alter hinein betrieb sie ihre geliebte Kanzlei und ermunterte Frauen: »So schnell wie möglich eine eigene wirtschaftliche Existenz aufbauen!«

Elizabeth Bowes-Lyon

Queen Mum · 1900–2002

»Mit 80 Jahren
wird das Leben erst
richtig schön.«

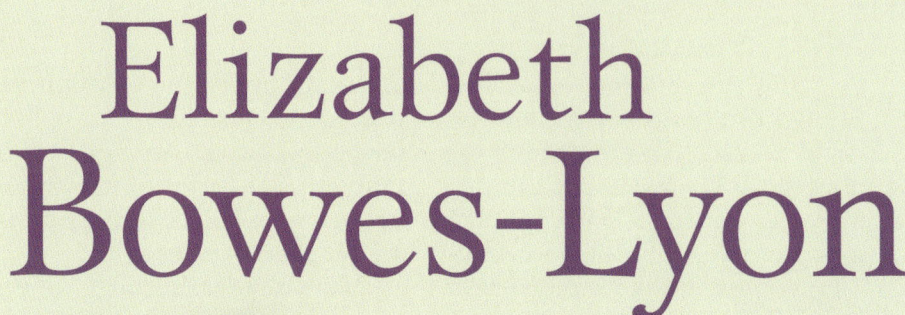

VIEL MEHR
ALS DIE
GROSSMUTTER
DER NATION

Wallis Simpson hat zwar alles durcheinanderge-bracht, dennoch ist es höchste Zeit, dass wir der eleganten und durchsetzungsfähi-gen Geliebten Edwards III. dankbar sind. Wenn sich Großbritanniens Kö-nig nicht für, sondern gegen sie ent-schieden hätte, dann wüssten wir heu-te wenig von Queen Mum und noch weniger von ihren Töchtern. So aber hat die geschiedene Amerikanerin eine schicksalhafte Änderung der Thronfolge bewirkt.

Anders als geplant

Als 1923 die Verlobung von Prinz Al-bert Frederick Arthur George, Duke of York (1895–1952), mit Elizabeth be-kannt gegeben wurde, heiratete der Bruder des zukünftigen Königs eine junge Frau, die zwar aus adligem Hau-se war, aber recht frei und unbe-schwert auf dem Land groß geworden war. Das höfische Protokoll war ihr fremd, und auch ihr Mann hielt sich lieber in der zweiten Reihe auf, statt im Mittelpunkt zu stehen. Nie und nimmer hätte also jemand gedacht, dass Elizabeth und Albert einmal als Monarchen die Geschicke eines im-mer noch großen Empires bestimmen würden. Doch es kam anders. Als der alte König George V. starb, wurde Ed-ward III. zwar sein Nachfolger, aber nur für kurze Zeit. Die Ankündigung, dass er Wallis Simpson heiraten wolle und zwar um jeden Preis, verhärtete die Züge seiner resoluten Mutter Mary, die sich eine solche Mesalliance nicht vorstellen wollte. Edward III. trat, nachdem ihm Mutter Mary klar-gemacht hatte, dass Wallis nicht er-wünscht sei und es auch für immer bleiben würde, vom Thron zurück, und sein Bruder Albert wurde nun als George VI. König von England. Für Elizabeth war offiziell der Titel Queen Consort – Königsgemahlin – vorgesehen. Albert alias George VI. hätte auf diesen Ruhm gerne verzichtet, denn dieser zurückhaltende, schüchterne Menschen, der zu allem Überfluss auch noch einen Sprachfehler hatte, schien auf diese neue Aufgabe in keiner Weise vorbereitet zu sein. Doch mit der patenten Elizabeth hatte er eine Frau an seiner Seite, die ihn tatkräftig unterstützte, ihm ein harmonisches Familienleben bot, mit ihm die zahlreichen Reisen in Commonwealth-Länder unternahm und bedingungslos zu ihm hielt.

Mutige Königin der Herzen

Einen besonderen und den Briten unvergesslichen Beitrag leistete sie während des Zweiten Weltkriegs, als es darum ging, die Moral der Briten zu heben und ihren Kampfes- und Durchhaltewillen zu stärken. Nachdem London schweren Bombardements ausgesetzt war, schlug man vor, die Familie solle doch ins sichere Kanada übersiedeln. Doch Elizabeth lehnte ab, obgleich der Buckingham-Palast ein bevorzugtes Ziel deutscher Luftangriffe war. Legendär ist ihre Begründung: »Die Prinzessinnen können nicht ohne mich gehen, ich kann nicht ohne den König gehen, und der König wird niemals gehen.« Elizabeth ließ sich also nicht einschüchtern und bemerkte nach weiteren schweren Treffern 1940 trocken: »Ich bin beinahe froh, dass wir bombardiert worden sind. Jetzt kann ich den Leuten im East End in die Augen schauen.« (Das East End war besonders stark zerstört worden.) Mit dieser Entschlossenheit, zu bleiben und das aushalten zu wollen, was die normale Bevölkerung auch ertragen musste, eroberte sie die Herzen der Briten für alle Zeiten. Fotografien aus den Kriegsjahren zeigen die resolute und unerschrockene Königsgemahlin nach Bombenangriffen auf Schuttbergen in der Londoner Innenstadt. Auch von ihren Töchtern und natürlich vor allem von ihrer ältesten Tochter Elizabeth erwartete sie Courage und das, was man heute Empathie nennen würde.

Vieles wird sie zu Hause mitbekommen haben, denn sie wurde am 4. August 1900 als neuntes von zehn Kindern in eine große Familie hineingeboren. Als Tochter des Earls of Strathmore and Kinghorne und Lady Cecilia Nina Cavendish-Bentinck verlebte sie auf Glamis Castle in Schottland eine wohlbehütete Kindheit mit allen Annehmlichkeiten des englischen Adels. Als aber der Erste Weltkrieg über das Land hereinbrach und aus ihrem Zuhause ein Lazarett machte, entschied sich die damals Vierzehnjährige zu helfen – obwohl sie als Krankenschwester noch viel zu jung war.

Die Erfahrungen der beiden Weltkriege und die Tatsache, dass Deutschland diese Kriege ausgelöst hatte, erschütterten ihre Sympathie für die Deutschen und ließen sie Anweisungen an ihr Personal geben, wie: »Keine Knickse vor den Deutschen!«, als sich Besuch von Prinz Philips deutscher Verwandtschaft ankündigte. Wie das Verhältnis zwischen ihr und ihrem Schwiegersohn Philip war, ist Bestandteil der Gerüchteküche. Angeblich hat sie ihm, der als Prinz Philip Schleswig-Holstein-Sonderberg-Glücksburg glücklicherweise wenigstens in Griechenland geboren worden war, seine deutschen Wurzeln nie verziehen. An dieser Stelle unbedingt erwähnt werden muss aber, dass Prinz Philip über die mütterliche Linie der Battenbergs direkt verwandt ist mit der heiligen Elisabeth von Thüringen.

Und wenn die Briten die Möglichkeit hätten, ihre Queen Mum heiligzusprechen, dann würden sie es sicher tun. Aber diese Chance hat ihnen Heinrich VIII. genommen, als er das Land protestantisch machte. Queen Mum allerdings hatte schon auf Erden das Himmelreich und war einem Gläschen Champagner nie abgeneigt. Man solle so leben, als würde man am nächsten Tag von einem roten Doppeldeckerbus überfahren werden, sagte sie einmal. Mit anderen Worten: Das Leben sollte Spaß machen.

LEBENSLAUF

Das Ausharren von King George VI. und seiner Queen im Buckingham-Palast während der deutschen Luftangriffe war keineswegs so harmlos, wie es im Nachhinein klingen mochte. Dies erfährt man aus einem Brief, den Elizabeth an ihre Schwiegermutter Queen Mary einst kurz nach dem Angriff am 13. September 1940 geschrieben hatte und der in eine Biografie der Queen Mum aufgenommen wurde. Plötzlich sei das »unverwechselbare Geschwirr eines deutschen Flugzeugs« und dann das »Kreischen einer Bombe« zu hören gewesen. »Es passierte alles so schnell, dass wir nur Zeit hatten, uns töricht anzuschauen, dann raste das Kreischen über uns hinweg und explodierte mit einem gewaltigen Krach im Innenhof«, schrieb Elizabeth. »Ich sah eine Rauchwolke und Erde, die in die Luft gewirbelt wurde, dann haben wir uns blitzschnell im Flur geduckt. Dann war da eine weitere enorme Explosion, und wir und zwei unserer Pagen blieben noch ein wenig im Flur, weg vom Treppenhaus wegen möglicher herumfliegender Glassplitter.« Noch einige Minuten zitterten ihr die Knie, berichtete sie weiter und ließ den Brief enden mit dem P. S: »Der gute alte B. P. [Buckingham-Palast] steht noch, und das ist das Wichtigste.«

Elly Beinhorn

Flugpionierin · 1907–2007

»Ich habe doch diese
herrlichen unabhängigen
Zeiten erlebt,
als man am Himmel
ganz für sich
alleine war!«

DIE KÖNIGIN DER LÜFTE

—

IM ALLEINFLUG UM DIE WELT

Über den schneebedeckten Bergen der Anden kämpft sich die kleine Sportmaschine vor dem 4.800 Meter hoch aufragenden Pass Kilometer für Kilometer in die Höhe, immer wieder kreisend, um der Anziehungskraft der Berge zu entgehen, immer wieder um Hunderte Meter durchsackend in der eisigen, sauerstoffarmen Luft — doch Elly Beinhorn ist nicht die Frau, die aufgibt: Im dritten Anlauf schafft sie den einsamen Andenüberflug.

Südamerika ist eine der Etappen auf Elly Beinhorns Alleinflug um die Welt, der der deutschen Pionierin der Luftfahrt 1932 als erster Frau gelingt. Sie ist gerade mal Mitte 20 und legt etwa 28.000 Kilometer zurück, erlebt dabei Momente höchster Gefahren und höchsten Glücks. Einen Afrika-Alleinflug von Böblingen bis Bissau in Portugiesisch-Guinea in einer geliehenen »Klemm« hatte sie da schon hin-

ter sich und war in der Fliegerei – über Jahrzehnte eine Männerdomäne – etabliert. Weitere Rekordflüge wie 1935 der Flug über zwei Kontinente von Schlesien bis zum Bosporus an einem Tag, jetzt mit der stärker motorisierten Messerschmitt »Taifun«, und 1936 der Flug über drei Kontinente, Berlin–Damaskus–Kairo–Athen–Budapest–Berlin, an einem Tag sollten folgen.

»Ein Mädchen und fünf Kontinente«

Dabei waren der Tochter eines Kaufmanns ursprünglich enge Grenzen gesetzt: Dass sie das einzige Kind ihrer Eltern war, umgeben von der spießigen Atmosphäre im gutbürgerlichen Hannover, scheint ihr Antrieb gewesen zu sein, absolute Freiheit zu suchen und allein die weite Welt zu erobern. Dass sich die Eltern bei der Namensgebung bewusst für Elly, die damals moderne, sehr dynamische Kurzform von Elisabeth, entschieden haben, entspricht so ganz ihrem Charakter. Denn gegen Konventionen der Gesellschaft und Widerstände im Leben weiß sich die junge Frau mit den kompromisslos-klaren Vorstellungen stets zielstrebig und unbeirrbar durchzusetzen – seien es die Tränenfluten der Mutter und die Tobsuchtsanfälle des Vaters angesichts des entschlossenen Höhendrangs, der Unwille der Fluglehrer, eine weibliche Pilotin auszubilden, oder die herablassende Abkanzelung durch berühmte Fliegerkollegen wie Ernst Udet: »Pass auf, dass du nicht auf den Pinsel fällst!« Sie »schmeißt« das Lyzeum mit 16, genug ist genug. Ein Vortrag des Fliegerasses Hermann Köhl erleuchtet die 21-Jährige: Sie wird Pilotin. Punkt. Die Abenteuerlust ist vollends entflammt, gepaart mit dem unverrückbar festen Willen, dieses Ziel durchzusetzen. Weist der Hannoveraner Aero-Club sie

auch ab, der Deutschen Luftfahrt GmbH in Berlin lässt sie keine Wahl und macht dort den A-Schein, wenig später in Würzburg den Kunstflugschein, dann die Blindflugberechtigung, den Führerschein für schwere einmotorige Landflugzeuge und für Seeflugzeuge.

Oft mit geliehenen, meist aber eigenen Maschinen wird sie mit Kunst- und Werbeflügen, mit Vorträgen, Artikeln und Büchern zeit ihres Lebens auf eigenen Beinen stehen und vor allem ihre Langstreckenflüge finanzieren.

Abenteurerin und Kämpfernatur

Von den vielen Fotos, die es von ihr gibt, schaut uns eine sportliche, stets braun gebrannte und strahlende, zeitlos-junge Frau von natürlicher Schönheit geradeheraus an; unverstellt, in sich ruhend und sicher. So hat sie ihr Leben gemeistert und tatkräftig, im-

LEBENSLAUF

Elly Beinhorn – der Name dieser mutigen Fliegerin tauchte Jahrzehnte nach ihren sensationellen Alleinflügen und fünf Jahre nach ihrem Tod plötzlich wieder in der Presse auf, als sich am 10. Oktober 2013 189 Frauen und Männer zum 3. Elly-Beinhorn-Lauf vom Flughafen Schönefeld zum Landschaftspark in Berlin-Johannisthal aufmachten, wo schon vor dem

Ersten Weltkrieg die ersten »fliegenden Kisten« gestartet waren. Als Gast kam nicht nur Ellys Sohn und Schirmherr Professor Bernd Rosemeyer aus München, sondern auch die Schauspielerin Vicky Kriebs. Die Luxemburgerin verkörpert Elly Beinhorn in dem großen ZDF-Film über das Leben der Pilotin, der im Frühjahr 2014 erstmals ausgestrahlt wird.

mer hart im Nehmen, jede Aufgabe gelöst.

Wagemutig und entschlussfreudig wird Elly mit aufsehenerregenden Not- und Bruchlandungen, Ölrohrbrüchen, Propellerproblemen scheinbar spielend fertig. Sie fällt in stürmischen Höhen fast aus der Maschine, erträgt Minustemperaturen, findet den Weg im Blindflug. Und das alles zu Beginn der Karriere in einer kleinen einsitzigen Sportmaschine mit Sperrholzplanken, Stoffbespannung und Reisegrammofon, aber ohne Sauerstoff- und Navigationsgerät, Radar, Funk und Verdeck – der Oberkörper ragt während des Flugs aus der fliegenden Kiste heraus. Ist die Strecke zu lang, lässt sie kurzerhand das Flugzeug auseinanderbauen, verpacken und auf einen Dampfer laden oder – weg mit dem Gepäck! – einen zusätzlichen Tank einbauen.

Um nach Afrika zu gelangen, bewirbt sie sich als »E. Beinhorn« auf das Gesuch nach einem Piloten. Die Forscher Hugo Bernatzik und Bernhard Struck sind denn auch, vorsichtig ausgedrückt, erstaunt, eine Frau zu sehen – und organisieren die Reise mit ihr gemeinsam. Während des Afrika-Alleinflugs versagt der Propeller: Notlandung mitten in der Sahara. Die Songheis, Sklavennomaden, überzeugt sie, Hilfe zur Selbsthilfe zu organisieren – wie auch immer. Denn sie ist die erste Weiße dort, und verbale Gemeinsamkeiten gibt es nicht. Nach kräftezehrendem Wüstenmarsch mit einer Karawane erreicht sie ihr Ziel Timbuktu. Zum Glück war wieder Cognac, ihr Universalmittel gegen Kälte, Krankheit oder Durst, im Gepäck.

Nur einmal kapituliert sogar Elly Beinhorn: Mit ihrem über alles geliebten ersten Mann, dem jungen Rennfahrer Bernd Rosemeyer, sind ihr nur zwei Ehejahre vergönnt. Wenige Wochen nach der Geburt ihres gemeinsamen Sohnes verunglückt im Januar 1938 Bernd Rosemeyer während eines Rekordversuchs tödlich. Elly Beinhorn schreibt seine Biografie, dann wird sie wieder fliegen.

Eine Klasse für sich

Es gibt auch andere weibliche Pilotinnen zu ihrer Zeit, doch Elly reist ganz allein an Orte, deren Namen wie Verheißungen klingen: Bagdad, Balboa, Casablanca, Gibraltar, Kalkutta, Siam, Timbuktu oder Yucatán. Ihre Bücher werden Bestseller.

Sie ist ein Star, der doch keiner sein will und sich nie so zeigt. Ihren Pilotenschein gibt sie 1979 nach mehr als 5.000 Flugstunden zurück und kann von sich behaupten, »51 Jahre lang mit Anstand geflogen« zu sein. Sie hat alles aus eigener Kraft allein geschafft und wurde in stiller Würde glatte 100 Jahre alt. Bis zuletzt war das Fliegen ihr Leben und bestand es am Ende auch nur noch darin, Segelflugzeugen nachzuschauen.

MESSER

Elly Beinhorn in der Kanzel einer Messerschmitt Me 108 *Taifun*, 1939.

Eliza Doolittle

Blumenmädchen und Lady

»Der Unterschied
zwischen einer Dame
und einem Blumenmädchen
liegt nicht in ihrem
Benehmen,
sondern darin,
wie man sie behandelt.«

ELIZA IST VORLAUT, KLUG UND SENSIBEL

—

UND AM ENDE EINE ECHTE LADY

George Bernard Shaw, bekannt für seinen trockenen Humor und seine Schlagfertigkeit, erklärte angesichts des für ihn unerwarteten Erfolgs seines Lustspiels *Pygmalion*: »Irgendetwas muss grundfalsch an dem Stück sein, dass es allen so gefällt, aber momentan kann ich nicht herausfinden, was es ist.«

Die Geschichte des Blumenmädchens Eliza Doolittle, das der passionierte Sprachforscher Henry Higgins zur Dame macht, indem er ihr ein ordentliches Englisch beibringt, wird als Film ein weitaus größerer Erfolg, als es das Theaterstück bereits war. 1939 erhält Shaw gemeinsam mit den anderen Drehbuchautoren dafür einen Oscar, und unter dem Titel *My fair Lady* ist Shaws *Pygmalion* auf den Musical-Bühnen und im Kino bis heute in der ganzen Welt populär. *My fair Lady* begeisterte stolze sechseinhalb Jahre lang am Broadway.

Die aus sehr einfachen Verhältnissen kommende Eliza Doolittle verkauft Blumen vor dem Londoner Opernhaus Covent Garden in der Hoffnung, die elegante, zu den Aufführungen strömende Gesellschaft möge ihr einen Strauß abkaufen. Dabei preist sie ihre Ware in einer Sprache an, die mit »Spoken English« wenig zu tun hat, dafür sehr viel mit einem unverständlichen Londoner Cockney-Dialekt. Die Erscheinung des Mädchens und die Art und Weise wie sie spricht, ziehen die Aufmerksamkeit Professor Higgins' auf sich. Er prophezeit, ein Mädchen wie Eliza Doolittle könnte niemals aus der Gosse herauskommen, es sei denn, jemand wie er würde ihm gutes Englisch beibringen. Er könne selbst Eliza Doolittle in eine Herzogin verwandeln, die bei einer Gartenparty des Botschafters eine gute Figur machen würde. Aber Eliza will gar keine Herzogin werden, sondern nur einen eigenen Blumenladen haben. Dieses Ziel vor Augen, trifft sie bereits am folgenden Tag bei Professor Higgins ein und bittet ihn um Sprachunterricht. Nach anfänglichem Zögern ist Higgins bereit für das Experiment, worüber er auch eine Wette eingeht mit dem indischen Sprachforscher Colonel Pickering, einem echten Gentleman im Gegensatz zum ziemlich groben und schrulligen Higgins. Sechs Monate hat Eliza Zeit, in Higgins' Laboratorium, das vom Phonographen bis zur Stimmgabel alles enthält, was ein Phonetiker benötigt, ihre Aussprache zu verbessern – und sechs Monate hat Professor Higgins Zeit, Elizas Dialekt in Queen's English zu verwandeln.

Ob Eliza von Professor Higgins mehr lernt als er von ihr, steht am Ende dahin

Eliza macht Fortschritte, und in den neuen Kleidern sieht sie entzückend aus. Nicht nur ihre Aussprache wird täglich besser, auch ihr Betragen, ihre Körperhaltung, ihre Gestik werden unter der Regie von Higgins zusehends damenhafter, und die lebhafte junge Frau verwandelt sich in »bemerkenswerte Vornehmheit und Schönheit«.

Eliza droht zu einer Kunstfigur analog dem Vorbild Galatea unter der Hand des Bildhauers Pygmalion im griechischen Mythos zu werden. Bald wird nichts mehr an die »Gassenschlampe« erinnern. Aber bis es so weit ist, gilt es, noch einige Hindernisse zu überwinden. Im Theaterstück wird Eliza auf Gartenfest, Dinnerparty und Empfang ihr neues Können unter Beweis stellen, im Film werden die legendären Szenen auf dem Ball und der Pferderennbahn Ascot in Erinnerung bleiben, bei denen Eliza zwar perfekt und fast wie ein Automat »How do you do?« sagen kann, aber in einigen Momenten eben doch die Fassung verliert und zu ihrem alten, derben Wortschatz zurückfindet. Letztlich gewinnt Higgins die Wette, und Eliza muss erkennen, dass sie ein Versuchsobjekt war. Dennoch geht sie gestärkt aus dem Experiment hervor, denn sie weiß ganz genau, was und wen sie will, und Higgins will sie nicht, oder vielleicht doch? Shaw wäre nicht Shaw, würde er aus dem Stück eine rührselige Romanze gemacht haben, und so bleibt das Ende zweideutig. Allerdings verlangte das Publikum derart vehement ein Happy End zwischen Eliza und Professor Higgins, dass Shaw seine Übersetzer anpfiff, sie sollten in anderen Sprachfassungen bloß nicht an seinem Ende rühren. Das galt vor allem für seinen Übersetzer Siegfried Trebitsch, der die Dramen Shaws oft sehr nach eigenem Geschmack und nicht immer sattelfestem Englisch ins Deutsche übertrug. Die Weltpremiere des Stücks fand übrigens 1913 in Wien im Beisein von Erzherzog Franz Ferdinand statt, der sich möglicherweise über die Anzahl an Kraftausdrücken in dem Stück amüsiert zeigte.

Frech und selbstbewusst erblüht Eliza

Am Ende aber hat keineswegs nur Higgins Eliza verändert, sondern sie auch ihn. Aus einem kalten, abweisenden, zynischen Wissenschaftler ist ein Mann mit Gefühlen geworden, der sich an die Anwesenheit der jungen Frau nicht nur gewöhnt hat, sondern sie auch schätzt. »Ich habe einiges von ihren blödsinnigen Ideen gelernt. Ich

gestehe das bescheiden und dankbar. Und ich habe mich an ihre Stimme und an ihre Erscheinung gewöhnt. Ich liebe beides – ziemlich.« Und Eliza? Sie hat alle Möglichkeiten, einen Blumenladen zu eröffnen, allerdings wohl wissend, dass sie nun zu keiner Gesellschaftsschicht mehr gehört. Als Higgins ihr am Ende aufträgt, sie solle für ihn Schinken und Stilton bestellen und ein Paar Handschuhe aus Hirschleder in Größe Nummer acht kaufen, so als wäre sie seine Hausangestellte, sagt sie schlicht: »Kauf's dir selbst« und geht. Auch George Bernard Shaw hatte übrigens nur Interesse an selbstbewussten Frauen, und eine wie Eliza, die ihn so abgefertigt hätte, würde ihm gefallen haben.

LEBENSLAUF

Die Idee, aus »Pygmalion« ein Musikstück zu machen, hatte Gabriel Pascal, der Produzent des ersten Pygmalion-Films 1938. Shaw allerdings stimmte einer Vertonung seines Schauspiels nicht zu, und so konnte Pascal das Musical-Projekt erst nach dem Tod des Autors im Jahr 1950 und langwierigen Verhandlungen mit den Erben in Angriff nehmen. Unter dem Titel »My fair Lady« erlebte das Musical mit der Musik von Frederick Loewe und den Liedtexten von Alan J. Lerner am 15. März

1956 im New Yorker *Mark Hellinger Theatre* seine Uraufführung. Das Musical mit Julie Andrews und Rex Harrison in den Hauptrollen wurde zu einem großen Erfolg. Es lief über sechs Jahre am Broadway und nach der Londoner Premiere 1958 über fünf Jahre am *Drury Lane Theatre*. Die deutschsprachige Erstaufführung fand am 25. Oktober 1961 im Berliner Theater des Westens mit Karin Hübner als Eliza statt.

Elizabeth
David

Köchin · 1913–1992

»Mach, was du willst.
Trag die Konsequenzen.
Und schick die
anderen zur Hölle.«

DIE
MUTIGE
KÖCHIN

Elizabeth David gilt als eine Revolutionärin der guten alten britischen Kochkunst. Betrachtet man Bilder von ihr, sieht man eine Frau, die voll kecker jugendlicher Kraft in die Kamera blickt, als wollte sie sagen: Los, ihr Frauen, nehmt den Kochlöffel in die Hand und beginnt zu zaubern! Es gibt immer neue Möglichkeiten, und lasst ja nichts unversucht!

Schon mit zarten 21 Jahren gab Elizabeth ihr Geburtstagsgeld lieber für Küchenutensilien aus, als sich mit hübschen modischen Kleidern zu schmücken. Ihr Leben war geprägt von unkonventionellen Tätigkeiten und durchzogen von ihrer Leidenschaft, Traditionelles mit Kreativem zu verbinden und neue Inspirationen aus anderen Ländern in die heimische Küche miteinzubringen. Der phänomenalen Frau und ihrem abenteuerlichen Leben würde allerdings eine reine Beschreibung als Köchin nicht gerecht und wäre sicherlich nicht nach ihrem Geschmack.

Abenteuer und Gefahr

Wie die Protagonistin in Elizabeths Lieblingsbuch »Alice im Wunderland« von Lewis Carroll, begab auch Elizabeth sich auf eine wundersame Reise, sobald sie dem allzu konservativen Elternhaus, dem sie trotzige Verachtung entgegenbrachte, entkommen konnte. Schon als Kind malte sie beeindruckende Bilder, widmete sich dann leidenschaftlich der Kunst und begann ein Studium an der Sorbonne im verheißungsvollen Paris. Wenn auch nicht allzu erfolgreich, war sie einige Zeit als Schauspielerin tätig und fühlte sich in der künstlerischen Boheme weitaus mehr zu Hause als im Kreis der englischen Familie.

Mit ihrem Charme und ihrer Schönheit bezauberte sie den bereits verheirateten Charles Gibson-Cowan, kaufte mit ihm die Segeljacht »Evelyn Hope«, und gemeinsam begaben sie sich kurzerhand auf eine spektakuläre Fahrt nach Griechenland. Diese Reise, die in die Zeit des Zweiten Weltkriegs fiel, war nicht nur abenteuerlich, sondern auch äußerst gefährlich. Erstaunlicherweise gelangten Elizabeth und ihr Geliebter bis nach Sizilien, wo man jedoch erst einmal ihr Boot konfiszierte, da man das Paar der Spionage verdächtigte. Zu ihrem Entsetzen wurden sie auch noch verhaftet. Heute erscheint es fast wie ein Wunder, dass man sie nach einiger Zeit wieder frei ließ und ihnen die Weiterreise gestattete. So ging es wie geplant nach Griechenland, doch mussten sie von dort 1941 endgültig vor den Deutschen fliehen und landeten zuletzt in Ägypten.

Es war eine Reise, die sie von einem Leben in ein anderes führte – so jedenfalls blickt Elizabeth später auf das Abenteuer zurück. Dieses andere Leben der mutigen Frau begann damit, dass sie die Bibliothek des Informationsministeriums von England in Kairo betrieb und schließlich Anthony David, dem neuen Geliebten und baldigem Ehemann, nach Indien folgte. Bis es sie dort langweilte und sie, Ehemann Anthony zurücklassend, sich schlussendlich zu Hause in England wiederfand.

Mit Olivenöl und Knoblauch in die britische Küche

Elizabeth ließ auf ihren Reisen kaum eine Gelegenheit aus, sich mit heimischen Küchen und Bräuchen bekannt zu machen. Die Verarbeitung von frischen und erntereifen Produkten wurde zu ihrer Leidenschaft. Die Erfahrungen, die sie unterwegs sammelte, schrieb sie auf und übertrug sie in ihre berühmten Bücher über die Küchen Frankreichs, Italiens und anderer Regionen. »A Book Of Mediterranean Food« wurde 1950 veröffentlicht und

LEBENSLAUF

Der ideale Kochbuchautor, so erklärte Elizabeth David einmal, »ist einer, der den Leser dazu bringt, kochen zu wollen, und ihm sagt, wie es geht; er sollte immer etwas, vielleicht nicht zu viel, aber ein bisschen, ungesagt lassen; die Leute müssen ihre eigenen Entdeckungen machen, ihre eigene Intelligenz nutzen; sonst werden sie um einen Teil des Vergnügens gebracht«. Elizabeth David war 30 Jahre alt, als 1950 ihr erstes Buch erschien, das, wie in der »Independent on Sunday« zu lesen war, »die Art verändern sollte, wie eine Nation aß«. All ihre folgenden Bücher wurden große Erfolge, nicht zu reden von unzähligen Artikeln in Zeitungen und Magazinen. »Ich lese Deinen Namen jetzt überall!«, schrieb ihr der Schriftsteller Lawrence Durrell, »Du bist so etwas wie der Lord Chesterfield des Essens. Wie wunderbar und wie verdient.«

sofort ein Bestseller, dicht gefolgt von »French Country Cooking« und »Italian Food«, für das sie erneut ein Jahr durch Italien reiste und Rezepte wie Geschichten sammelte. Sie wurde zur Expertin der mediterranen Esskulturen und schaffte es mit ihrem Wissen und ihrer Begeisterung sogar, die äußeren Einflüssen gegenüber resistente britische Küche maßgeblich zu beeinflussen, und so dienten ihre Ideen als Inspiration für eine ganze Generation von Küchenprofis und Hobbyköchinnen. Olivenöl und Knoblauch, Auberginen und Zucchini, all das gelangte erst mit Elizabeth David in die englischen Töpfe und peppte jedes Rezept unweigerlich auf.

Bescheiden, streng und emanzipiert

Im Gegensatz zu ihren berühmten Kollegen Marguerite Patten oder Marcel Boulestin waren David Fernsehauftritte oder Radiointerviews nicht geheuer. Überhaupt vermied sie es, sich der Öffentlichkeit direkt zu präsentieren. Umso mehr Freude bereitete ihr das Schreiben von Kochbüchern und Kolumnen, Letztere erschienen unter anderem in »Vogue«, »The Sunday Times« und »Daily Express«. Ihre entschiedene Individualität, die sie auch in jedes Rezept einbrachte, erwärmte die Herzen der Briten und verhalf den Kochkünsten zu einem höheren Ansehen auf der Insel.

All dies aber schien Elizabeth kaum zu beeindrucken, so kühl und streng jedenfalls wirkte ihre Persönlichkeit nach außen. Doch dies täuschte. Unter der rauen Schale verbarg sich das Wesen einer unabhängigen und starken Frau, die in jedem Moment ihres Lebens ihren eigenen Weg ging und sich für alles Neue, Unbekannte begeisterte. Eine Frau, die sich von allem löste, was sie beengte, und Kochen liebte der Leidenschaft wegen.

Ella Fitzgerald

Jazzlegende · 1917–1996

»Lass dich nicht von
dem abbringen,
was du unbedingt tun willst.
Wenn Liebe und
Inspiration
vorhanden sind, kann es
nicht schiefgehen.«

JAZZIKONE
DES
20. JAHRHUNDERTS

Mit ihrer ungewöhnlich klangvollen Stimme, sicheren Intonation und einem einzigartigen Improvisationstalent begeistert sie ihr Publikum weltweit. Ob Fans, Kritiker oder Kollegen – alle lieben die außergewöhnliche Sängerin, die bei ihren zahlreichen Liveauftritten eine unbändige Energie verbreitet.

Ein Mädchen namens Ella

Dabei war die steile Gesangskarriere keineswegs abzusehen. Das aus ärmlichen Verhältnissen stammende Mädchen, das mit Ella auf eine Kurzform des Namens Elisabeth hört, wächst vaterlos auf und kommt nach dem frühen Tod der Mutter zu ihrer Tante nach New York. Statt die Schulbank zu drücken, jobbt sie mal hier, mal da. Und sie träumt von einer Karriere als Tänzerin. Deshalb nimmt sie 1934 –

gerade 15 Jahre alt – an einem Amateurwettbewerb im Apollo-Theater in Harlem teil. Als sie dann auf der berühmten Bühne vor dem erwartungsvollen Publikum steht, versagen ihr vor Lampenfieber die Beine. An Tanzen ist nicht mehr zu denken. Da singt sie stattdessen ein Lied, das ihr gerade einfällt, gewinnt mit ihrer Stimme den ersten Preis und 25 Dollar. Dieser Auftritt verhilft ihr zu einem ersten Engagement, denn der Saxophonist Benny Carter ist unter den Zuhörern und empfiehlt sie dem Schlagzeuger und Bandleader Chick Webb, der auf der Suche nach einer Sängerin ist.

Webb ist von dem eher unbeholfen wirkenden Mädchen mit dunkler Hautfarbe zunächst wenig begeistert, gibt ihr aber dennoch die Chance, ihr Können zu beweisen. Schon bald wird das ungeheure Talent der jungen Frau sicht- und vor allem hörbar, und sie mausert sich schnell zur eigentlichen Attraktion der Chick-Webb-Band.

Bereits 1937 wählen sie die Leser der Jazzzeitschrift »Down Beat« zur besten Sängerin des Jahres. Mit der Band machte sie auch die ersten Aufnahmen. Mit »A-Tisket, A-Tasket« landet sie 1938 ihren ersten Riesenerfolg – die Nummer avanciert zur Hymne der Swing-Ära. Der Grundstein für eine große Karriere als Jazzsängerin ist somit gelegt. Als das Orchester 1941 nach einer weniger erfolgreichen Phase aufgelöst wird, startet Ella Fitzgerald ihre Solokarriere.

Der Durchbruch als Sängerin

Das Publikum ist fasziniert von der unvergleichlichen Stimme Ella Fitzgeralds. Unübertroffen vermag sie mit scheinbarer Leichtigkeit schnelle Tonfolgen zu singen und dabei zu improvisieren – dies mit ihrem beachtlichen Stimmumfang von drei Oktaven. In den 1940er-Jahren entdeckt sie den Scat-Gesang für sich, bei dem in schneller Folge Silben ohne sprachlichen Sinn gesungen werden. Ella Fitzgerald benutzt den Scat-Gesang für den damals modischen Bebop-Stil, wobei sie die Stimme gleichberechtigt neben den Instrumenten einsetzt. Mit Bebop-Titeln wie »Lady be Good«, »Flying Home« und »How High the Moon« macht sie sich dem großen Publikum bekannt. 1946 lernt sie den Plattenproduzenten Norman Granz kennen, der sie regelmäßig in seiner populären Konzertreihe »Jazz At The Philharmonic« auftreten lässt. Ihre Gesangskarriere führt von nun an steil nach oben.

Mit dem privaten Glück will es hingegen nicht so recht klappen. Nach einer frühen Ehe mit einem Hafenarbeiter, die schnell annulliert wird, heiratet sie Ray Brown, den Schlagzeuger der Band um Dizzy Gillespie. Doch auch diese Ehe scheitert nach nur wenigen Jahren. Ihre Erfüllung findet Ella umso mehr in der Musik und in der Liebe, die ihr das Publikum entgegenbringt.

Mit Jazz zu Weltruhm

1954 wird Norman Granz ihr persönlicher Manager und begleitet sie in ihre kreativste Phase. Mit seiner Unterstützung entschließt sie sich, noch einmal etwas Neues zu wagen. Sie erinnert sich später: »Ich hatte einen Punkt erreicht, an dem ich nur noch Bebop gesungen habe. [...] Ich realisierte dann, dass es noch mehr Musik gibt als nur Bop. [...] Norman hatte auch das Gefühl, dass ich etwas anderes machen sollte, also hat er ›The Cole Porter Songbook‹ mit mir produziert. Es war ein Wendepunkt in meinem Leben.« Mit der Einspielung der Songbooks unter anderem von Cole Porter, Irving Berlin und George Gershwin erschafft sie ab 1956 unvergleichliche Porträts der klassischen amerikanischen Komponisten. Die Reihe wird

LEBENSLAUF

Die sogenannte schwarze Musik war in den 50er und 60er Jahren in den USA auch beim weißen Publikum beliebt, doch durften in zahlreichen Clubs farbige Musiker lange nicht auftreten. Auch Ella Fitzgerald hat das immer wieder erlebt. So im »Mocambo«. Er war damals einer der gefragtesten Clubs in Hollywood. Ella Fitzgerald erzählte später, wie es dazu kam, dass sie dann doch auf der Bühne des »Mocambo« stand: Sie hatte eine äußerst prominente Fürsprecherin – Marilyn Monroe. Die Monroe rief den Besitzer des Clubs an und versprach, sie würde jeden Tag bei ihm einen Tisch reservieren, wenn Ella Fitzgerald auftrete. Der Besitzer stimmte zu; die Anwesenheit eines solchen Stars in seinem Etablissement – eine bessere Werbung hätte er sich nicht wünschen können. Ella sang im »Mocambo«, Marilyn saß im Publikum, und danach, erinnert sich Ella, war sie nie wieder gezwungen, in kleinen Jazzclubs zu spielen. Anfang 2007 legte die Post der USA eine Briefmarke zum Gedenken an Ella Fitzgerald auf. Die Marke gehört zur »Black-Heritage«-Reihe, mit der seit 1978 Farbige geehrt werden, die sich große Verdienste in der amerikanischen Geschichte erworben haben.

ein Welterfolg und bringt ihr 1958 den ersten Grammy ihrer Karriere ein.

Fortan geht sie weltweit auf Tournee, gibt unzählige Konzerte und steht mit den Jazzgrößen ihrer Zeit wie Dizzy Gillespie, Charlie Parker, Count Basie oder Duke Ellington auf der Bühne. Mit Louis Armstrong nimmt sie insgesamt drei Alben auf, darunter das »Porgy and Bess«-Album (1957). Legendär ist ihr Auftritt in Berlin, dokumentiert auf dem Live-Album »Ella in Berlin« (1960), bei dem die Sängerin den Text des Songs »Mack the Knife« vergessen hat und sich in wilde Improvisationen rettet. Auf dem Höhepunkt ihrer Karriere ist sie das Idealbild der swingenden Jazzsängerin schlechthin.

Noch bis in die Mitte der 1980er Jahre steht sie häufig auf der Bühne, obgleich sie zunehmend gesundheitliche Probleme hat. Als sie 1996 im Alter von 79 Jahren stirbt, ist sie als »First Lady of Song« in die Jazzgeschichte eingegangen. 14 Grammy-Auszeichnungen und eine Bilanz von mehr als 40 Millionen verkauften Alben zeugen von ihrem großen Erfolg.

Elisabeth **Mann** Borgese

Ozeanforscherin und
Ökologin · 1918–2002

*»Wir müssen die
Ozeane retten,
wenn wir uns
selbst retten wollen!«*

BOTSCHAFTERIN DER
MEERE

Im Alter von fünf Jahren hatte sie an der Hand des berühmten Vaters, Thomas Mann, ihre erste Begegnung mit dem Meer – und war verzaubert von der bis zum Horizont reichenden Weite. Seit diesen Kindertagen, als die Familie die Ferien regelmäßig am Mittelmeer oder an der Ostsee verbrachte, liebte Elisabeth Mann Borgese das Meer. Als Tochter eines Literaturnobelpreisträgers veröffentlichte sie auch Romane und Sachbücher, doch die politische Arbeit lag ihr mehr. 1967 begann sie sich mit den Problemen der Weltmeere auseinanderzusetzen, und hier Lösungen zu finden und durchzusetzen wurde ihr zur Lebensaufgabe. Als Seerechtlerin, Ökologin, einziges weibliches Gründungsmitglied des *Club of Rome* und Gründerin des *International Ocean Institute* errang sie weltweit Anerkennung.

Eine behütete Kindheit
im Hause Mann

»In Deutschland weiß eigentlich niemand, dass es mich gibt«, sagte Elisabeth Mann Borgese einmal bescheiden, obwohl sie doch einer berühmten Familie entstammte. Elisabeth wurde als fünftes Kind von Katia und Thomas Mann geboren. Der Vater war von dem Mädchen, das er zärtlich »Kindchen« oder »Medi« nannte, überraschenderweise entzückt und räumte ihr eine Sonderstellung in seinem Herzen ein. Väterliche Kälte, die ihre älteren Geschwister Erika, Klaus, Golo und Monika zu spüren bekamen, blieben ihr erspart, und sie konnte später als Einzige der Mann-Kinder sagen, sie habe eine glückliche Jugend gehabt. Im »Gesang von einem Kinde« und in der Erzählung »Unordnung und frühes Leid« setzte ihr der berühmte Vater auch literarisch ein Denkmal. 1933 – nach der Machtübernahme der Nationalsozialisten – siedelte die Familie zunächst in die Schweiz über, bevor sie 1938 in die USA ins Exil ging. In diesen Jahren des Exils begann Elisabeth ihren eigenen Weg zu suchen und bewies dabei bereits die Zielstrebigkeit, die ihr später als Umweltschützerin zu weltweitem Erfolg verhalf.

Frühe Loslösung

Doch zunächst ließ sie sich in Zürich, sehr zum Missfallen der Eltern, als Konzertpianistin ausbilden, übte diesen Beruf aber nie aus. Dann heiratete sie, gerade 21-jährig, den 36 Jahre älteren italienischen Exilliteraten Giuseppe Antonio Borgese, um – wie sie selbst sagte – von ihm zu lernen. Zusammen mit ihm arbeitete sie an der *University of Chicago* an dem damals aufsehenerregenden utopischen Konzept einer neuen Weltverfassung. Die politische Arbeit machte ihr Spaß, und nach einiger Zeit bewegte sie sich – ohne entsprechende Ausbildung – so sicher auf akademischem Terrain, dass sie 1950 zur Präsidentin des Dachverbands aller Vereinigungen ernannt wurde, die sich um eine Weltregierung bemühten. Doch 1952 fand die politische Arbeit ein jähes Ende, als das Ehepaar aufgrund der antikommunistischen Politik McCarthys nach Italien übersiedelte und kurz darauf Antonio Borgese starb. Mit gerade einmal 34 Jahren war Elisabeth Mann Borgese Witwe und musste sich allein um die beiden zwölf und acht Jahre alten Töchter kümmern. In diesen Jahren wandte sie sich dem Schreiben zu, arbeitete als Redakteurin einer Kulturzeitschrift, verfasste aber auch einen Erzählband, ein emanzipatorisches Buch über die gesellschaftliche Rolle der Frau und ein Buch über die Kommunikation von Menschen und Tieren. Ihre Lebensaufgabe aber hatte sie damit noch nicht gefunden.

Das Meer – Hauptthema ihres Lebens

1964 wurde Elisabeth Mann Borgese *Senior Fellow* am kalifornischen *Center for the Study of Democratic Institutions*, das die Bemühungen um eine idealistische Weltverfassung fortsetzte, an denen sie bereits in jungen Jahren mitgearbeitet hatte. Hier erhielt sie 1967 einen Brief von dem maltesischen UN-Botschafter Arvid Pardo, in dem er ihr die Probleme der Weltmeere erläuter-

LEBENSLAUF

Am 8. Februar 2002 starb Elisabeth Mann Borgese im Alter von 84 Jahren. Mitunter aber kann man ihrem Namen noch immer groß auf den Meeren begegnen, denn am 22. Juni 2011 wurde das Forschungsschiff des Leibniz-Instituts für Ostseeforschung Warnemünde auf den Namen »Elisabeth Mann Borgese« getauft. Das einstige Schiff der Marine erhielt auf der Werft in Wolgast eine völlig neue Ausstattung und verfügt jetzt über ein großes Arbeitsdeck und eine fast 100 Quadratmeter große Laborfläche für zwölf Wissenschaftlerinnen und Wissenschaftler.

Elisabeth Mann Borgese, die jüngste Tochter von Schriftsteller Thomas Mann, deutet hier im Keller des Lübecker Buddenbrook-Hauses auf ein Familienfoto, auf dem sie als Kind zu sehen ist, 1998.

te. Sie war sofort interessiert daran und fasziniert von der sich daraus ergebenden Möglichkeit, die theoretische Arbeit in die Praxis umzusetzen. Fortan engagierte sie sich mit Feuereifer für ein neues Seerecht. Insbesondere die gerechte Verteilung von Ressourcen wurde ihr zentrales Thema, und sie wurde nicht müde, auf internationaler Bühne vor den Gefahren von Verschmutzung, Überfischung und der Plünderung von Bodenschätzen zu warnen. Sie war »Botschafterin der Meere« zu einer Zeit, als für viele andere die Welt der Meere noch in Ordnung schien. Zusammen mit Arvid Pardo, dem sie seit 1974 auch privat nahestand, arbeitete sie am größten völkerrechtlichen Vertrag mit: der 1982 beschlossenen UN-Seerechtskonvention. Mit ihrer Arbeit erwarb sie sich internationale Anerkennung: Sie war 1970 als einzige Frau Gründungs-

mitglied im *Club of Rome*, dessen Bericht über die Endlichkeit der Ressourcen die Weltöffentlichkeit aufrüttelte. 1972 gründete sie das *International Ocean Institute* auf Malta, das heute über mehr als 20 Institute weltweit verfügt, und wurde seine erste Direktorin. 1976 veröffentlichte sie ihr erstes Buch über den Schutz der Meere, »The Drama of the Oceans«, das schließlich zum Bestseller wurde.

Späte Professur

Dass sie trotz ihrer Leistungen und Erfolge immer bescheiden blieb, gehörte zu ihren typischen Wesenzügen. 1978 erhielt sie aufgrund ihrer Spezialkenntnisse über Meeresbiologie und -ökologie sowie Seerecht den Ruf als Professorin für Politikwissenschaften an die kanadische Universität Halifax. Darüber wunderte sich die inzwischen 60-Jährige, da sie nie studiert und auch nie eine akademische Laufbahn angestrebt hatte. Doch Elisabeth nahm an, zog nach Halifax und fand hier – nachdem sie ihre Scheu gegenüber den Studenten abgelegt hatte – eine letzte Aufgabe, die sie mit Bravour meisterte und die ihr nicht weniger als fünf Ehrendoktorhüte eintrug. Selbst als sie längst pensioniert war, gab sie noch Unterricht. In Halifax fand sie auch ihr letztes Zuhause, in einem Holzhaus an einer Küstenstraße – am Ende der Welt, aber mit Blick auf das Meer.

Elizabeth II.

Die Queen * 1926

»Es war immer schon
leicht, zu hassen
und zu zerstören,
aber etwas aufzubauen
und in Ehren zu halten
ist viel schwieriger.«

PRINZESSIN
LILIBET

Die kleine Lilibet wurde zwar als Prinzessin, nicht aber als künftige Königin geboren. Das änderte sich, als ihr Vater Albert überraschend Thronfolger und seine älteste Tochter Elizabeth Alexandra Mary damit Kronprinzessin wurde. Von ihrer Mutter Elizabeth Angela Marguerite (Queen Mum 1900–2002) hatte Lilibet ihre ersten Vornamen, Alexandra hieß eine Großmutter, Mary war der Name zweier Patentanten und der Großmutter väterlicherseits. Als ihr Vater König des Vereinigten Königreichs von Großbritannien und Nordirland und letzter Kaiser von Indien wurde, war Lilibet gerade zehn Jahre alt. Sie und ihre vier Jahre jüngere Schwester Margarete Rose wuchsen behütet und mit vielen Tieren, vor allem Hunden und Pferden, auf. Fotografien zeigen die begeisterte Reiterin, wie sie bereits im Alter von vier Jahren auf ihrem ersten Pony sitzt. Falls draußen nicht geritten werden durfte, saßen die beiden Schwestern auf einem stattlichen Schaukelpferd. An ihre Großmutter, Queen Mary, schrieb Lilibet entzückende Briefe, die meist mit »Darling Grannie« beginnen, so im Jahr 1931, also im Alter von fünf Jahren, als sie sich für ein Geschenk bedankte: »Ich danke dir vielmals für das herrliche Puppenhaus. Ich liebe es, und ich habe das Speisezimmer und die Diele ausgepackt. Liebe Grüße von Lilibet xxx«. Die drei Kreuze standen für Küsschen.

Eine Leidenschaft
für Pferde
und Motoren

In den Kriegsjahren kümmerte sich ihre Mutter um die Moral der Nation, und die vierzehnjährige Elizabeth hielt am 12. Oktober 1940 ihre erste Rede in der BBC. Den Kindern im Land, die unter dem Krieg zu leiden haben, wollte sie Mut machen und ihnen das Gefühl geben, dass sie und ihre Schwester mit ihnen fühlen. Fünf Jahre später absolvierte sie eine Ausbildung zur Automechanikerin und Kraftfahrerin und reparierte in einer Khaki-Uniform Motoren. Wer hätte da nicht gerne einen Blechschaden in ihrer Nähe gehabt!

1947 heiratete sie in einem Traumkleid aus cremefarbener Seide und einer vier Meter langen Schleppe ihren Traummann Leutnant Philip Mountbatten, der nun zum Duke of Edinburgh avancierte.

Bis 1952 konnte das Paar Privatheit leben und sich ganz der jungen Familie widmen – Prinz Charles und Prinzessin Anne waren bereits geboren –, als überraschend der Tod des Königs ihr Leben schlagartig veränderte und sie im Alter von 25 Jahren Königin wurde. Die Krönungsfeierlichkeiten wurden erstmals im Fernsehen übertragen, und geschätzte 20 Millionen Menschen überall auf der Welt sahen zu.

Wie das Hochzeitskleid wurde auch die Robe für die Krönungsfeierlichkeiten von Norman Hartnell entworfen, und die Stickereien hatten, wie stets, symbolische Bedeutung. Auch alle anderen Kleider, die für ihre vielen Reisen, vor allem in Commonwealth-Länder, entworfen wurden, haben immer auch eine Botschaft. Muster, Farben, Schnitte, ja selbst der Schmuck und andere Accessoires wurden so angepasst, dass man damit dem jeweiligen Land eine Reverenz erwies. So entsprachen beispielsweise die gelben Stoffbahnen und Borten ihres Abendkleids für den Empfang des thailändischen Königspaars im Jahr 1972 dem Gelb des traditionellen Chakri-Ordens, den der König trug.

In guten wie in schlechten Zeiten

Elizabeth war eine schöne und sympathische Frau, und die frühen Aufnahmen von ihr zeigen sie oft mit einem gelösten Lachen. Das änderte sich im Laufe der Jahre, die Königin wurde ernster und wirkte verschlossener. Viele verwechseln das mit emotionaler Kälte, was dem Ansehen des Königshauses nicht guttat. Deutlich sichtbar wurde dies, als die Ehe ihres Sohnes Charles mit Diana scheiterte und 1997 die Prinzessin bei einem Unfall ums Leben kam; die Beliebtheit der »Royals« fiel in dieser Zeit auf einen Tiefpunkt. Die Untertanen wünschten sich und erwarteten, dass auch die königliche Familie Betroffenheit zeigt und ihre traditionelle Reserviertheit wenigstens in Momenten weltweiter Trauer aufgibt.

Bereits 1992 hatte die Queen von einem *Annus horribilis*, von einem schrecklichen Jahr, gesprochen, als innerhalb weniger Monate Windsor Castle brannte, die Ehe ihres Sohnes Prinz Andrew mit Sarah Ferguson scheiterte, sich ihre Tochter Anne scheiden ließ und Diana und Charles immer wieder für negative Schlagzeilen sorgten. Aber das eigentliche Schreckensjahr stand ihr da noch bevor, und es war ohne Zweifel das Jahr, in dem Prinzessin Diana starb. Nach dieser tiefen Zäsur – denn danach konnte nichts mehr bleiben, wie es war – wurde die »Firma«, wie die Queen den Familienclan und dessen Aufgaben auch bezeichnet, modernisiert. Und diese Neuausrichtung ist ihr tatsächlich gelungen. 2007 feierten sie und ihr Mann diamantene Hochzeit, und 2011 heiratete ihr Enkel die schöne Kate Middleton. 2012 sah man die Queen an der Seite von James Bond anlässlich des 60-jährigen Thronjubiläums aus einem Helikopter schweben – Humor hat sie nämlich auch. Zu den Feierlichkeiten des diamantenen Thronjubiläums trug die Queen, wie immer, eine bis ins letzte Detail überlegte Garderobe, bei der nichts dem Zufall überlassen wurde. Selbstverständlich hatte man zum Beispiel dafür gesorgt, dass kein Windstoß das Kleid unziemlich verwirbeln konnte, indem man ein Bleiband in den Saum einnähte.

Solche großen Ereignisse sind aber für die Queen Arbeit und Pflicht, schön wird es für sie erst, wenn sie in Gummistiefeln mit Kopftuch und einer schweren Regenjacke durch Balmoral stapfen kann, um nach ihren Pferden zu schauen, oder wenn sie ihre geliebten, kurzbeinigen und mitunter hinterhältigen Corgy-Hunde um sich hat. Aus der kleinen Lilibet von einst ist die größte Königin seit Queen Victoria geworden. Sie hat mit Disziplin, diplomatischem Geschick, Respekt vor anderen, Humor und nicht zuletzt ihren unglaublichen Hüten die Welt bereichert und beglückt. *Long May She Reign*!

LEBENSLAUF

Der Name »Windsor« für das britische Königshaus, dem Elizabeth II. entstammt, ist relativ jung im Vergleich zu den ansonsten jahrhundertealten Namen europäischer Herrscherhäuser. Noch bis 1917 trugen die Windsors den Namen »Saxe-Coburg and Gotha« nach ihren deutschen Vorfahren aus dem Hause Sachsen-Coburg und Gotha. Als sich im Ersten Weltkrieg das deutsche Kaiserreich und Großbritannien als Feinde gegenüberstanden, änderte George V. den Namen seines Hauses in »Windsor« – so wie die gleichnamige Stadt in der englischen Grafschaft Berkshire, wo sich die Residenz der königlichen Familie Windsor Castle befindet. Im Februar 1960 verkündete Elizabeth II. dann, dass all ihre Nachkommen künftig den Familiennamen Mountbatten-Windsor (Mountbatton – Anglisierung des deutschen »Battenberg«) tragen werden.

Queen Elizabeth II. in Grenada, auf ihrer
Tour durch Westindien im Jahre 1966.

Liz Taylor

Schauspielerin · 1932–2011

»Ich habe nur mit Männern
geschlafen, mit denen ich
auch verheiratet war.
Welche Frau kann das schon
von sich sagen.«

VOM
KINDERSTAR
ZUR
LEINWAND-
GÖTTIN

Sie drehte mehr als 50 Filme, erhielt drei Oscars, bekam die erste Millionen-Gage des Filmgeschäfts, heiratete achtmal und schmückte sich mit den kostbarsten Juwelen – Mittelmaß reichte ihr nicht. Stattdessen forderte Liz Taylor von allem viel; neben materiellem Glanz waren es in erster Linie Aufmerksamkeit und Zuneigung, von denen sie nicht genug bekommen konnte. Als sie am 23. März 2011 im Alter von 79 Jahren an Herzversagen starb, verlor die Welt eine leidenschaftliche Schauspielerin, die in den 1950er- und 1960er-Jahren in Filmen wie »Giganten«, »Die Katze auf dem heißen Blechdach«, »Cleopatra« und »Wer hat Angst vor Virginia Woolf?« zur Leinwandikone wurde. Auch wenn sie sich bereits seit mehreren Jahren aus dem Filmbusiness zurückgezogen hatte, verstand es Liz Taylor bis zuletzt, ihr Image als Hollywood-Diva zu bedienen: Zu ihrer Beisetzung hatte sie verfügt, die Trauerfeier 15 Minuten später als angeordnet beginnen zu lassen – schließlich war sie auch zu ihren Lebzeiten nie pünktlich gewesen.

Aufstieg
zur schönsten Frau
der Welt

Liz Taylors Erfolg kam nicht von ungefähr, denn ihre Eltern – der Vater Kunsthändler, die Mutter Schauspielerin – bereiteten ihre Tochter mit Ballettunterricht und anderen Angeboten systematisch auf eine Karriere beim Film vor. Geboren 1932 in London, zog Elizabeth Rosemond Taylor nach dem Beginn des Zweiten Weltkriegs mit ihrer amerikanischen Familie nach Kalifornien. In der Filmmetropole Hollywood angekommen, erregte sie erstmals 1943 mit ihrer Rolle in dem »Lassie«-Film »Heimweh« Aufsehen, was ihr einen siebenjährigen Vertrag bei der Produktionsgesellschaft Metro-Goldwyn-Mayer einbrachte. Kaum ein Jahr später glänzte sie in »Kleines Mädchen, großes Herz« in ihrer ersten Hauptrolle. Bei den Dreharbeiten stürzte sie vom Pferd und verletzte sich an der Wirbelsäule, eine Blessur, unter der sie ihr ganzes Leben lang litt.

Während andere Kinderstars wie Shirley Temple am Übergang in das Erwachsenenfach kläglich scheiterten, war Liz Taylors Aufstieg nicht zu bremsen. Mit ihrer Charakterrolle in »Giganten« fand sie 1956 als Partnerin von James Dean und Rock Hudson erstmals weltweit Beachtung. Sie entwickelte gemeinsam mit den führenden Filmstudios ihre Starpersönlichkeit als temperamentvolle, schnell von ihren Emotionen überwältigte Frau. Ein Image, das sie vielschichtig in den Tennessee-Williams-Verfilmungen »Die Katze auf dem heißen Blechdach« (1958) und »Plötzlich im letzten Sommer« (1959) zur Geltung bringen konnte. Ihre sinnlich-tragische Darstellung des Callgirls Gloria im Filmdrama »Telefon Butterfield 8« bescherte ihr 1961 den ersten Oscar als beste Hauptdarstellerin. Als »schönste Frau der Welt« gefeiert, hatte Liz Taylor den Höhepunkt ihrer Karriere und damit den Hollywood-Olymp erreicht.

Skandalumwittertes Traumpaar

Liz Taylors Starruhm speiste sich nicht nur durch ihre herausragende Leinwandpräsenz, sondern auch durch ihr turbulentes Liebesleben. Besonders großen Anteil nahm die Öffentlichkeit an ihrer stürmischen Verbindung mit dem Schauspielkollegen Richard Burton, den sie während der Dreharbeiten zum Monumentalfilm »Cleopatra« kennenlernte. Die beiden gaben sich 1964 das Jawort, ließen sich zehn Jahre später scheiden, um ein Jahr darauf wieder zu heiraten – ein zweiter Anlauf, der jedoch kurz danach endgültig scheiterte. Richard

LEBENSLAUF

Neun Monate, nachdem Liz Taylor am 23. März 2011 in Los Angeles an Herzversagen gestorben war, versteigerte das Auktionshaus Christie's in New York Schmuckstücke der Diva. 117 Millionen Dollar brachte alles zusammen ein. Ein Ring mit einem 33,19-Karat-Diamanten, ein Geschenk Richard Burtons, wurde für fast 900.000 Dollar verkauft. Burton hatte seine großzügigen Gaben an seine Frau einmal recht nüchtern kommentiert: »Diamanten sind eine Investition.«

Burton war Taylors Ehemann Nummer fünf und sechs und gleichzeitig offenbar ihr Traummann. Stets von der Regenbogenpresse beobachtet, liebten sie sich mit ebensolcher Leidenschaft, wie sie sich hassten. Das öffentliche Aufsehen, das sie erregten, geriet ihren gemeinsamen Filmen zum Vorteil: Alle wurden große Erfolge und spielten Unsummen ein. Szenen dieser Ehe glaubten viele in der Edward-Albee-Verfilmung »Wer hat Angst vor Virginia Woolf?« (1966) wiederzuerkennen. Für ihre erste äußerst widersprüchliche Rolle als frustrierte und zänkische Ehefrau Martha erhielt Liz Taylor ihren zweiten Oscar.

Leben auf der Überholspur

Niemals grau, sondern schwarz oder weiß – Liz Taylor führte ein Leben der Extreme: stürmische Liebesbeziehungen und schmerzhafte Trennungen, enorme Gewichtsschwankungen, Alkoholexzesse, Tablettenmissbrauch, Entziehungskuren und Krankheiten. Auch wenn ihre Leinwandkarriere Ende der 1960er Jahre sich dem Ende zuneigte, blieb die Hollywood-Diva mit ihrem offensiv gelebten, skandalträchtigen Privatleben weiterhin in den Medien präsent.

Ausgelöst durch den Tod ihres Kollegen und Freundes Rock Hudson, setzte sich die Schauspielerin bis zu ihrem Tod für die Bekämpfung von HIV und Aids ein. Auch anderen Sozialprojekten lieh sie ihre prominente Stimme. Ihr Engagement imponierte, und so wurde Liz Taylor 1993 dafür mit einem Spezial-Oscar ausgezeichnet.

Auch nach ihrem endgültigen Rückzug aus der Filmbranche 2003 blieb ihr der Starruhm erhalten. Alle Welt kannte sie als die schöne und leidenschaftliche Liz Taylor – dabei hatte die Schauspielerin selbst die Kurzform ihres eigentlichen Vornamens Elizabeth nie richtig gemocht.

Isabel Allende

Schriftstellerin
und Journalistin * 1942

»Zu schreiben ist für mich
der Versuch, den Schein
der Ordnung ins natürliche
Chaos des Lebens
zu bringen.«

LATEINAMERIKAS ERFOLGREICHSTE GESCHICHTEN- ERZÄHLERIN

Die Kleine verfügte über einen ausgeprägten Geruchssinn und ein gutes Gedächtnis, außerdem war sie frühreif und besaß eine überschäumende Fantasie. Zudem hatte sie schon immer die Angewohnheit, alles Wichtige aufzuschreiben.

Dieses Mädchen ist eine Romanfigur, und fast alle Mädchen in Isabel Allendes Büchern – Clara aus *Das Geisterhaus* oder Fortuna aus *Fortunas Tochter* – sind immer auch ein bisschen Isabel Allende selbst, die in einem turbulenten Leben voller Licht und Schatten, wie es sich kaum ein Drehbuchschreiber hätte gewagter ausdenken können, im Schreiben Trost und Heimat findet.

Isabel Allendes Kindheit ist geprägt von Chaos, ständigem Aufbruch und Neuanfang. Der Vater, ein mittelmäßiger Diplomat und großartiger Dandy, lässt die Familie sitzen und verschwindet spurlos, als Isabel drei Jahre alt ist. Mit ihren beiden Brüdern lebt sie, wenn nicht bei der Mutter, im riesigen, verwinkelten Haus der Großeltern in Lima. Die schöne junge Mutter dreier Kinder bricht sämtliche Tabus und gesellschaftliche Normen und beginnt mit »Onkel« Ramón, einem älteren, verheirateten chilenischen Diplomaten mit vier Kindern, ein neues – wieder chaotisches – Leben. Die Patchwork-Familie zieht durch die Welt, Isabel geht in La Paz, Beirut und Santiago de Chile zur Schule. Immer ist sie einsam, fühlt sich ungeliebt und nirgendwo zugehörig. Aber es gibt Lichtblicke: Die Einzelgängerin und Leserratte ist süchtig nach Geschichten und liebt Radionovelas. In Beirut macht sie eine der verstörendsten und schönsten Erfahrungen ihres jungen Lebens: Die »Geschichten aus 1001

Nacht« kommen, wie sie es beschreibt, »mit der Gewalt eines Hurrikans« über sie und wirbeln ihre Empfindungen durch erzählerische Kraft, unerhörte Begebenheiten und Erotik ganz gehörig durcheinander. Isabel weiß: Sie möchte selbst Schriftstellerin werden.

Doch bis dahin ist es noch ein weiter Weg: Sie arbeitet als Sekretärin für die Vereinten Nationen, heiratet früh, bekommt zwei Kinder und zieht bald mit der eigenen Familie in einem klapprigen Wagen durch Europa. Wieder in Chile, schreibt sie als Journalistin für die feministische Zeitschrift »Paula«, unter anderem humoristische Kolumnen, und ist Herausgeberin einer Kinderzeitschrift. Bei einem Fernsehsender springt sie für ihren Chef als Moderatorin ein und avanciert aus dem Stand zu einer der beliebtesten und bekanntesten Moderatorinnen verschiedener Fernsehsendungen Chiles.

Schreiben gegen Kummer und Vergessen

Eine Zäsur bringt das Jahr 1973. Salvador Allende, ein Cousin ihres Vaters und seit 1970 Präsident Chiles, kommt im September bei einem blutigen Putsch ums Leben. Während der Schreckensherrschaft des Diktators Augusto Pinochets bleibt die Familie noch zwei Jahre in Chile und unterstützt Verfolgte des Regimes, geht dann aber nach anonymen Todesdrohungen ins Exil nach Venezuela. Isabel arbeitet wieder für eine große Zeitung, darüber hinaus als Übersetzerin und als Lehrerin an einer weiterführenden Schule; sie ist jetzt die Ernährerin der Familie. Die Maxime, die der Großvater sie gelehrt hat – Fleiß, Ehrgeiz, Selbstdisziplin, Unabhängigkeit und der Rat, sich ausschließlich auf sich selbst zu verlassen, erweisen sich als überlebenswichtig. Fern der geliebten Heimat muss sie 1981 vom nahenden Tod des geliebten Großvaters erfahren,

LEBENSLAUF

Geboren wurde Isabel Allende am 2. August 1942 in Lima. 1962 heiratete sie den Bauingenieur Miguel Frías, 1963 kam ihre Tochter Paula zur Welt und nach der Rückkehr nach Chile 1966 Sohn Nicolás. 1988 lernte sie ihren zweiten Mann Willie Gordion kennen und lebt seitdem in den USA; seit 2003 ist sie amerikanische Staatsbürgerin. Nach der Veröffentlichung von »Das Geisterhaus« (1982) von einem Journalisten nach ihrem Leben befragt, antwortete sie: »Wenn Sie mein Buch gelesen haben, dann wissen Sie doch alles über mich. Mein Kontinent, mein Land, meine Familie, meine Überzeugungen, meine Gefühle – alles ist drin.«

kauft. Ihre Werke, vor allem »Das Geisterhaus«, erzählen generationenübergreifende Familiengeschichten, in denen starke, exzentrische Frauen als Protagonistinnen ihren eigenen Weg gehen, gesellschaftliche Schranken überwinden und die erstrebte Freiheit erreichen. Allende lässt ihre Heldinnen gegen soziale Ungerechtigkeiten wie den lateinamerikanischen *machismo* kämpfen und setzt sich so für die Gleichberechtigung der Frauen ein. Immer geht es um Leidenschaften, starke Familienbande und viel Magie. Als eine der ersten Frauen unter den lateinamerikanischen Autoren-Granden gewährt sie vielen Menschen Einblicke in Kultur und Geschichte ihrer Heimat, und das aus weiblicher Sicht.

Der große Pablo Neruda hat der jungen Isabel einmal geraten: »Du bist die schlechteste Journalistin in diesem Land. Du lügst die ganze Zeit. Warum wechselst du nicht zur Literatur?« Ein kluger Rat.

ohne ihn wiedersehen zu können. Sie schreibt ihm einen Brief – das Schreiben hilft gegen Kummer und Heimweh. Der Brief wird am Ende 500 Seiten lang und ist die Grundlage zu ihrem ersten Roman »Das Geisterhaus«. Sie schreibt auch, als später ihre unheilbar kranke Tochter Paula sterben und ihr Leben aus den Fugen geraten wird. Mit ihrer bisher ungewohnt intensiven, bildgewaltigen, sinnlichen Sprache, der überbordenden Fantasie und dem exotischen Ambiente landet sie einen Coup und wird Anfang der 1980er Jahre zum Shooting-Star auf den Bestsellerlisten. Aus den Honorarerlösen gründet sie später zum Andenken an ihre Tochter die Isabel-Allende-Stiftung zur Unterstützung von Mädchen und Frauen.

Ihre Bücher – »Das Geisterhaus«, »Von Liebe und Schatten«, »Eva Luna«, »Paula«, »Aphrodite« oder »Porträt in Sepia«, um nur einige zu nennen – werden in mehr als 30 Sprachen übersetzt und fast 60 Millionen Mal ver-

»Es bleibt zu fragen, ob die immer wieder
auflebende Beschwörung des Mutterinstinkts und
der damit verbundenen Verhaltensweisen
nicht in Wahrheit der schlimmste Feind der
Mutterschaft ist.«

Élisabeth Badinter

Philosophin * 1944

FRANKREICHS
STREITBARE
FEMINISTIN

Eine dreifache Mutter, für die die Mutterliebe kein natürlicher Instinkt ist. Eine Feministin, die sich ebenso für Männer einsetzt und Frauen keineswegs als bloße Opfer sieht. Eine Freundin von Alice Schwarzer, die sich gegen ein generelles Verbot der Prostitution ausspricht.

Élisabeth Badinter hat sich nie davor gescheut, zentrale Themen der französischen Gesellschaft mit einer ihr ganz eigenen Radikalität aufzugreifen und in der Öffentlichkeit anzusprechen. Dieses Vorgehen hat ihr viel Bewunderung und Respekt, aber noch mehr Kritik und zum Teil sogar Verachtung eingebracht. Diese sowohl vonseiten der Frauen wie auch vonseiten der Männer. Dennoch oder vielleicht gerade deshalb gilt sie bis heute als eine der prominentesten Vertreterinnen des Feminismus in Frankreich und ist international bekannt.

Tochter aus gutem Haus

Élisabeth Badinter stammt aus einem wohlhabenden, politisch einflussreichen Elternhaus. Selbstbewusstsein und Unabhängigkeit hat sie schon sehr früh ausprägen können. 1944, kurz vor Kriegsende, in einem Vorort von Paris geboren, wuchs sie in einem sehr liberalen Haushalt auf. Der Vater, Marcel Bleustein-Blanchet, war in Frankreich als Publizist, Medienmanager und Verbandsfunktionär bekannt, in den 1930er-Jahren hatte er die Kommunikationsfirma Société Publicis gegründet. Ihre Mutter, Sophie Vaillant, war für das Frauenmagazin »Elle« tätig. Politik, Öffentlichkeit und eine arbeitende Mutter waren für die kleine Élisabeth also schon sehr früh selbstverständlich, und das in Zeiten, als die Frau in der Gesellschaft noch völlig in traditionellen Rollen verhaftet war. Schon als Schülerin hatte Élisabeth »Das andere Geschlecht« von Simone de Beauvoir gelesen und wurde von deren Ansichten stark geprägt.

Ihr Studium der Philosophie, Soziologie und Geschichte schloss sie Anfang der 1970er Jahre erfolgreich mit der Promotion ab, währenddessen heiratete sie und bekam kurz hintereinander drei Kinder. Es folgten die Lehrbefähigung für Philosophie an höheren Schulen, die Professur an der Eliteuniversität *École polytechnique* in Paris und die Mitgliedschaft im Aufsichtsrat der Firma ihres Vaters. Seit 1996 ist sie Aufsichtsratsvorsitzende und einer der wichtigsten Teilhaber der Publicis Group. Eine steile Karriere. Doch vor allem ihre provokanten Bücher sollten Élisabeth Badinter in Frankreich und darüber hinaus bekannt machen.

»Wir Frauen sind nun mal keine Schimpansen«

Es gebe keinen Mutterinstinkt und die vermeintlich angeborene Mutterliebe sei eine Erfindung späterer Jahrhunderte – mit dieser provokanten Behauptung spaltete Élisabeth Badinter zu Beginn der 1980er Jahre die französische Gesellschaft. Noch heute wehrt sich Badinter gegen den neu aufkeimenden Naturalismus in der Gesellschaft und im modernen Feminismus, der sich an den Prinzipien von Rousseau orientiert. Da für sie Mutterliebe ein Lernprozess ist, spricht sie sich für eine Legalisierung der Leihmutterschaft in Frankreich aus – und schafft sich auch hier nicht nur Freunde, sondern rüttelt an den Säulen der Gesellschaft.

LEBENSLAUF

In einem Interview in der »FAZ« antwortete Élisabeth Badinter auf die Frage »Warum haben Französinnen eine andere Einstellung zum Stillen als Deutsche?«: »Die Französinnen definieren sich zuallererst als Frauen und erst danach als Mütter. Sie wollen gefallen, verführerisch sein, auch wenn sie Mütter sind. Das ist ein tief geschichtlich verankertes Selbstbild, das sich bis ins 17. Jahrhundert zurückverfolgen lässt. [...] Deshalb gab es früher die Ammen. Später übernahm die Flaschennahrung diese Rolle. Jetzt aber stößt sich dieses französische Frauenbild an der verbreiteten Erwartung, dass eine Mutter ihr Kind [...] stillen soll. Das aber bedeutet, dass die Französinnen ein Stück ihrer Unabhängigkeit aufgeben müssen und sich ganz den Bedürfnissen des Kindes unterwerfen. Viele Frauen lehnen das weiterhin ab und geben lieber die Flasche. ›Zuerst die Frau‹, das ist eine sehr französische Devise.«

Élisabeth Badinter ist keine Frau, die Konflikten ausweicht. So auch im Falle der Schleieraffäre Ende der 1990er-Jahre: Drei muslimische Mädchen waren mit Kopftuch in die Schule gegangen und hatten damit eine heftige Diskussion in ganz Frankreich über Sinn und Unsinn religiöser Symbole im öffentlichen Raum ausgelöst. Die Gleichheit aller Menschen vor dem Gesetz, ohne Rücksicht auf Religion, Herkunft oder Sexualität, steht für Badinter an oberster Stelle. So bekämpft sie laut eigener Aussage religiösen Fundamentalismus, um dem aufkeimenden Rassismus einzudämmen. Dies ist gerade in Frankreich mit seinen vielen Migranten aus nordafrikanischen Ländern ein heikles Thema.

Anders als viele amerikanische Feministinnen vertritt sie die Auffassung, Männer und Frauen seien sich durchaus ähnlich. Auch die zunehmende »Viktimisierung« innerhalb des modernen Feminismus kritisiert sie scharf. Frauen seien nicht immer reine Opfer, dies sei eine gesellschaftliche Zuweisung in ein traditionelles Frauenbild – schwach und vom Mann abhängig. Vielleicht hat sie sich deshalb im Jahr 2.000 gegen ein Gesetz ausgesprochen, das beim Wählerverzeichnis eine Frauenquote von 50 Prozent vorsah – eine Entscheidung, die ihr wieder einmal viel Ärger und sogar den Vorwurf der Antifeministin einbrachte. Ebenso beharrt sie auf dem Recht der Frau an ihrem eigenen Körper und steht damit in der jüngsten Diskussion über die Bekämpfung der Prostitution im Widerspruch zu ihrer deutschen Mitstreiterin Alice Schwarzer. Für sie hat eine Frau auch das Recht, sich freiwillig für die Prostitution zu entscheiden.

Eine emanzipierte Frau

Élisabeth Badinter hat ihr Leben lang für die Emanzipation und Selbstbestimmung der Frauen gekämpft. Sie ist eine erfolgreiche Geschäftsfrau und langjährige Professorin. Ihre unbequemen Ansichten haben mehr als einmal große Kontroversen ausgelöst. Manche junge Frauen von heute distanzieren sich von ihr und ordnen sie zusammen mit Alice Schwarzer in den 1970er-Jahre-Feminismus ein, andere werfen ihr Angepasstheit an die männlich bestimmte Gesellschaft vor. Trotz all der Kritik bleibt der Eindruck einer faszinierenden Frau, die zeit ihres Lebens gegen den Strom geschwommen ist – auch in feministischen Kreisen.

Elizabeth George

Schriftstellerin *1949

»Was die Kunst
des Schreibens betrifft,
sie ist und bleibt ein
Geheimnis.
Sie verdankt sich
einer momentanen
Inspiration und
dem erregenden Gefühl,
sich von einer Idee
mitreißen zu lassen.«

MEISTERIN DES ENGLISCHEN KRIMINALROMANS

—

DEM VERBRECHEN AUF DER SPUR

Eine gehörige Portion Talent, leidenschaftlicher Schreibdrang und nicht zuletzt Disziplin – diese drei Faktoren benennt Elizabeth George als Grundpfeiler für schriftstellerischen Erfolg. Dass diese Qualitäten bei ihr besonders ausgeprägt sind, zeigt ihr kometenhafter Aufstieg zur *Queen of Crime*: 18 Kriminalromane in 25 Jahren, das ist ein enormer Schnitt und eine Glanzleistung, die ihr erst einmal jemand nachmachen muss. Seit »Gott schütze dieses Haus«, ihrem ersten 1988 erschienenen Werk, veröffentlicht sie nahezu jedes Jahr ein neues etwa 500 Seiten starkes Krimi-Highlight. Sie ist eine äußerst disziplinierte Schreiberin, die morgens früh aufsteht, sich mit Körpertraining fit hält

und täglich – ob auf Lesereise, am Wochenende oder in den Ferien – ein bestimmtes Pensum an literarischen Sätzen zu Papier bringt.

Schreiben als Kindheitstraum

Auch wenn Elizabeth George über sich selbst sagt, sie habe bereits als Kind gewusst, dass das Schreiben für sie zu den lebensnotwendigen Dingen gehört, war sie als Schriftstellerin eigentlich eine Spätzünderin. So orientierte sie sich zwar beruflich in diese Richtung, indem sie Highschool-Lehrerin für Englisch und Literatur wurde und als Dozentin für *Creative Writing* an verschiedenen Universitäten lehrte, an ein eigenes Buch traute sie sich aber lange Zeit nicht heran. Erst 1983, im Alter von 34 Jahren, schrieb sie ihren ersten Roman. Der innerhalb weniger Wochen entstandene Krimi »Gott schütze dieses Haus« um einen brutalen Mord in einem wohlanständigen Dorf in Yorkshire wurde 1988 verlegt und heimste gleich Preise ein: den *Agatha Award*, den *Anthony Award* für das beste Debütwerk und den französischen Literaturpreis *Grand prix de littérature policière*. Elisabeth Georges Entscheidung für das Krimigenre war offenbar eine ganz pragmatische. Wie sie in einem Interview einmal ausführte, hatte sie in ihren schriftstellerischen Anfängen gerade einen Kurs zum Thema Kreatives Schreiben angeboten, der sich mit dem Kriminalroman und seinen literarischen Strukturen auseinandersetzte. Das dort präsentierte Handwerkszeug schulte offenbar nicht nur die Kursteilnehmer, sondern motivierte auch die Lehrerin.

Seit ihrem Erstlingswerk steigerten sich die Auflagen der Bücher von Elizabeth George kontinuierlich. Heu-te sind ihre Werke Bestseller, die in viele Sprachen übersetzt werden, und die Fans erwarten sehnsüchtig jeden neuen Roman aus der Feder von Elizabeth George. Sie schätzen an ihrer Lieblingsautorin ihre psychologisch komplexe Figurenzeichnung, die stringente, doch niemals platte Handlung und die stimmige und von viel Lokalkolorit getragene Atmosphäre.

Very british – englische Krimitradition vom Feinsten

Die Steilküste Cornwalls, der Lake District, ein Seebad an der Küste Essex' und die traditionsreiche Universität Cambridge – an diesen typisch englischen Schauplätzen geben Elizabeth Georges Romanfiguren ihr Bestes. Mit ihren atmosphärisch dichten Werken bedient die Schriftstellerin die Tradition der englischen Kriminalromane und wird dabei mit Dorothy Sayers, Ruth Rendell und P. D. James in eine Reihe gestellt. Sie schreibt Romane,

LEBENSLAUF

Obwohl »typisch englische Krimiautorin«, ist Elizabeth George fast am anderen Ende der Welt zu Hause. Zwar mag das Wetter dort ähnlich sein wie auf den Britischen Inseln, aber statt auf atlantische Wellen blickt sie auf den Pazifik. Einsam gelegen bei Langley auf Whidbey Island im US-Bundesstaat Washington, haben sich die Autorin und ihr zweiter Mann, ein ehemaliger Feuerwehrmann, einen Traum erfüllt. »Isola bella« – die schöne Insel – steht auf dem Tor, von dem der Weg zu dem Haus führt, wo Elizabeth George sich alle düsteren Geschichten ausdenkt.

die mit ihrem authentischen Flair und den detaillierten Schilderungen der englischen Lebensart kaum britischer sein könnten. Umso erstaunlicher, dass Elisabeth George Amerikanerin ist. 1949 in Warren im Bundesstaat Ohio als Susan Elizabeth George geboren, wuchs sie in der San Francisco Bay auf. Heute lebt sie in der Nähe von Seattle. Ihre Leidenschaft für Großbritannien und alles Britische entdeckte sie während der Schulzeit im Rahmen einer Studienreise nach London. Seitdem ist sie dem Land und seinen spezifischen Eigenheiten verfallen und besitzt sogar eine Wohnung in der britischen Hauptstadt. Sie kommt regelmäßig zu Stippvisiten auf die Insel, nicht zuletzt, um für ihre Bücher die Örtlichkeiten genauestens zu recherchieren.

Ermittlerteam Inspector Lynley und Sergeant Havers

Er ist ein finanziell unabhängiger adliger Oxford-Absolvent, charmant und scharfsinnig, während sie, uneitel, burschikos und ungeübt in gesellschaftlichen Umgangsformen, aus kleinbürgerlichen Verhältnissen stammt. Das Ermittlerduo aus Inspector Thomas Lynley und seiner Assistentin Sergeant Barbara Havers, das seit ihrem Erstlingswerk zur Stammbesetzung der Autorin gehört, könnte unterschiedlicher nicht sein. Die sich immer wieder cher nicht sein. Die sich immer wieder

verändernde Beziehung zwischen Havers und Lynley reibt sich an den scharfen Gegensätzen von Herkunft, Bildung, gesellschaftlichem Status und Vermögen. Im Mittelpunkt ihrer Romane stehen jedoch nicht nur der Kriminalfall und seine Aufklärung, auch der privaten Entwicklung der Ermittlerfiguren wird viel Raum gegeben. Die Autorin lässt ihre Protagonisten nicht nur Mordfälle aufklären, sondern auch lieben, verzweifeln und trauern. So nimmt der Leser an Lynleys persönlicher Tragödie Anteil, als im Band »Wo kein Zeuge ist« (2006) seine schwangere Frau Helen getötet wird. Lynley ist von dieser Tat vollständig gelähmt und gibt seinen Polizeidienst auf. Doch die Leser konnten aufatmen: Als er im Band »Doch die Sünde ist scharlachrot« (2008) unvorhergesehen in einen Mord verwickelt wird, kehrt er auf seinen Posten zurück. Seine neuesten Fälle führen ihn sogar in die Toskana (»Nur eine böse Tat«, 2013).

2011 startete Elizabeth George eine neue Buchreihe, die sich vorwiegend an Jugendliche wendet. »Whisper Island« ist eine Mixtur aus Liebesgeschichte, Kriminalroman und Fantasy, spielt an der nordwestlichen Pazifikküste und erzählt die spannende Geschichte eines 14-jährigen Mädchens: Becca besitzt die besondere Gabe, die Gedanken anderer Menschen hören zu können – was ihr viel Ärger und Aufregung einbringt.

>>Die Arbeit als Schauspieler gibt
einem die Möglichkeit, den eigenen
Wahnsinn auszuleben.<<

Isabelle Huppert

Schauspielerin *1953

FACETTENREICH UND AUSDRUCKSSTARK

—

IKONE DES FRANZÖSISCHEN KINOS

Mit ihren 1,52 Zentimetern, ihrem zierlichen Körperbau und ihrer sommersprossigen Blässe wirkt Isabelle Huppert zart und zerbrechlich. Doch dieser äußere Eindruck täuscht, wie sich schnell bei ihrem Spiel vor der Kamera oder auf der Theaterbühne zeigt. Es sind vor allem ihr Gesicht, ihr Blick und ihre Mimik, die den Zuschauer in den Bann ziehen. Ihre zurückgenommene Art hat ihr den Ruf eingetragen, kühl und distanziert zu sein. Doch wenn sie ihre breit gefächerten Frauenrollen spielt, scheint sie wie verwandelt und überrascht mit ihrer Präsenz und Ausdrucksstärke. Von den Franzosen als »l'actrice intellectuelle« bezeichnet, reiht sich Isabelle Huppert mit ihren rund 100 Filmen und ihren zahllosen

Auszeichnungen in die großen Namen der französischen Filmgeschichte ein, wo sie sich durchaus neben Brigitte Bardot und Catherine Deneuve behaupten kann. So wurde die Französin bereits zweimal, nämlich 1978 für ihre Rolle einer jugendlichen Giftmörderin in »Violette Nozière« und 2001 für die Titelrolle in der Verfilmung von Elfriede Jelineks Roman »Die Klavierspielerin«, auf den Filmfestspielen in Cannes als beste Darstellerin ausgezeichnet.

Für die Kamera geboren

Ob als verprügelte Ehefrau, als Prostituierte, Engelmacherin oder lesbische Klostervorsteherin – Isabelle Huppert überzeugt stets und ist dabei auf kein spezielles Rollenfach festgelegt. Ganz im Gegenteil, denn bei ihrer Rollenwahl sucht sie die Herausforderung und liebt das Wagnis, sich als Schauspielerin immer wieder neu zu erfinden. Meist sind es jedoch tragische und stark leidende Frauenfiguren, die trotz ihres offenkundigen Schmerzes innerlich ungebrochen wirken.

Ihre Leidenschaft für das Rollenspiel entdeckte die in Paris als Isabelle Anne Huppert geborene jüngste Tochter einer Englischlehrerin und eines Ingenieurs bereits als Jugendliche. Mit 14 Jahren nahm sie schon professionellen Schauspielunterricht. Auch während ihres Studiums an der Universität Clichy, wo sie sich mit Russisch und orientalischen Sprachen beschäftigte, verfolgte sie ihre Neigung weiter. Nach ersten Bühnenerfahrungen als Statistin und mit kleineren Auftritten in Café-Theatern gab sie 1971 schließlich ihr Filmdebüt: In dem Drama »Faustine et le bel été« stand sie gemeinsam mit Isabelle Adjani in einer kleinen Nebenrolle vor der Kamera. Größere Aufmerksamkeit erlangte die Schauspielerin zwei Jahre später mit ihrem Auftritt in der frechen Erotik-Satire »Die Ausgebufften«. Über Frankreich hinaus bekannt wurde sie jedoch 1976 mit Claude Gorettas »Spitzenklöpplerin«: Als scheue junge Frau, die am Ende an ihrer gescheiterten Liebesbeziehung zu einem sozial höher stehenden Mann zerbricht, zeigte sie bereits die für ihr Spiel charakteristische Emotionalität

und Ausdrucksstärke. Seitdem zählt sie als nuancierte Charakterdarstellerin zu den ganz Großen in Europa und wird für Leinwand und Bühne von vielen Regisseuren umworben.

Vor und hinter der Kamera: ein perfektes Gespann

Claude Chabrol – dieser Name war prägend für Isabelle Hupperts Karriere als Filmschauspielerin. Mit dem französischen Nouvelle-Vague-Regisseur drehte sie zwischen 1978 und 2006 insgesamt sieben Filme, die allesamt Kinoerfolge wurden. Der produktive Regiemeister sozialkritischer Filme verstand es wie kein anderer, ihrem schauspielerischen Können in all seinen Facetten Ausdruck zu verleihen. In ihrer ersten Zusammenarbeit »Violette Nozière« überzeugte Isabelle als jugendliche Elternmörderin, die dem unerträglichen häuslichen Klima auf radikale Weise ein Ende setzt. »Eine Frauensache« zeigt sie als zunächst beherzte Engelmacherin, die später an ihrer Gier nach mehr Gewinn zugrunde geht. In der Flaubert-Verfilmung »Madame Bovary« spielt sie auf unverwechselbare Weise die Titelheldin, in »Biester« stachelt sie als unberechenbare Postbotin ihre Freundin zu einer Gewalttat an, in »8 Frauen« wandelt sie sich vom Mauerblümchen zum Vamp (an der Seite von Catherine Deneuve, Fanny Ar-

LEBENSLAUF

Isabelle Huppert in einem »Zeit«-Interview, 4. Januar 1991: »Chabrol ist für mich so etwas wie Sternberg es für Marlene Dietrich war. Er kennt mich besser als jeder andere. Wir verstehen einander auch ohne Worte. [...] Ich denke nicht nach, wenn ich spiele. Es ist seltsam. In meinem Kopf passiert nichts, auch in sehr extremen Situationen. [...] In ›Malina‹ weine ich ununterbrochen. Aber ich denke an gar nichts dabei. Ich schaue ins Licht. Tränen kommen aus meinen Augen. Ich bin vollkommen ausgefüllt durch diesen Prozess. Das Einzige, was ich fühle, ist die Freude am Spiel. [...] Ich kann nur sagen, dass Schauspielerin zu sein, für mich bedeutet, den Leuten Fragen zu stellen. Antworten gebe ich nicht. Wenn der Zuschauer das Gefühl hat, in mein Gesicht endlos hineinzufallen, dann habe ich erreicht, was ich möchte. Dann ist mein Gesicht eine Frage, in der sich das Leben spiegelt.«

dent und anderen großartigen Kolleginnen), und in der Komödie »Süßes Gift« schlüpft sie in die Rolle einer Betrügerin. Der Tod Chabrols 2010 setzte der fruchtbaren Arbeitsgemeinschaft ein jähes Ende. In dem letzten gemeinsamen Film »Geheime Staatsaffären« agiert Isabelle Huppert aus einer eher ungewohnten Perspektive: als Ermittlungsrichterin in einem Politthriller.

Hollywood lässt grüßen

Ihre großen Erfolge im europäischen Kino blieben natürlich auch in der Traumfabrik Hollywood nicht unbeachtet. Viele ihrer Schauspielkollegen hätten sicher den endgültigen Sprung über den Großen Teich gewagt, doch Isabelle Huppert begnügt sich mit gelegentlichen Stippvisiten. 1980 holte sie Michael Cimino für den Spätwes-tern »Heavens Gate« nach Amerika. Doch der für US-Verhältnisse ungewöhnlich episch breit erzählte Streifen, heute ein Kultfilm, floppte auf ganzer Linie. So behielt die Schauspielerin ihr Standbein in Frankreich, wo sie in ihrer Geburtsstadt Paris mit ihrem Ehemann und den drei gemeinsamen Kindern lebt.

ELISABETH-LISTE

Keinesfalls vergessen haben wir:

Elizabeth I. · Isabel von Portugal · Elisabeth von Portugal
Elisabeth Kübler-Ross · Elisabeth von Thadden · Elizabeth Blackwell
Elizabeth von Arnim · Elizabeth Barrett-Browning · Elisabeth Castonier
Elisabeth Schwarzkopf · Elisabetta Rasy · Elisabetty Sirani · Isabel Marant
Elsa Brändström · Catharina Elisabeth Goethe · Elisabetta Terabust
Else Noelle-Neumann · Betty Williams · Elisabeth Lévy · Elisabetta Achler
Elisabetta Barbato · Elisabetta Belloni · Elisabetta Balia · Elisabeth Sophia
Gyldenloeve · Elisabeth Jordán · Elisabeth Pfister · Elisabetta Trebbiani
Elisabeth Báthory · Elisabeth von Hessen-Darmstadt · Betty Friedan
Else Kienle · Elizabeth Fry · Else Lasker-Schüler · Elisabeth Förster-Nietzsche
Elisabeth Félix · Ilse Aichinger · Ilse Pohl · Elisabeth Hauptmann
Liesl Karstadt · Isabelle Eberhardt · Isabel Burton · Elisabetta Moro
Anna Elizabeth Dickinson · Elsie de Wolfe · Elisabeth Robins · Betty White
Elizabeth Stuart Phelps · Elisabeth Windisch-Graetz · Lisette Model
Isabelle Kaiser · Elisabeth Lutyens · Ellis Kaut · Elisabeth Werefkin
Ilse Müller-Appel · Isabel Bishop · Isabella Rossellini · Elisabeth Borchers
Liz Hurley · Elisabeth von der Pfalz · Elisabeth Christine von Preußen
Elisabeth Stuart · Elisabeth Raabe · Elisabeth Fest · Elisabeth Ruge
und viele weitere mehr...

Austen, Jane:
Pride and Prejudice, Oxford 2007
Badinter, Élisabeth:
Die Mutterliebe, München 1992
Badinter, Élisabeth:
Die Wiederentdeckung der Gleichheit,
München 2004
Barow-Vassilewitsch, Daria:
*Elisabeth von Thüringen. Heilige, Minne-
königin, Rebellin*, Ostfildern 2007
Beinhorn, Elly:
*Alleinflug. Mein Leben als Pionierin der
Lüfte*, München 2007
Burchard, Doris:
Der Kampf um die Schönheit, Köln 2002
Cooper, Artemis:
*Writing at the Kitchen Table.
The Authorized Biography of
Elizabeth David*, New York 2000.
Grawe, Christian:
*»Darling Jane«. Jane Austen – eine Bio-
graphie*, Stuttgart 2010
Griffith, Elisabeth:
*In Her Own Right: The Life of Elizabeth
Cady Stanton*, New York 1984
Hamann, Brigitte (Hrsg.):
Die Habsburger, München 1996
Heißler, Sabine; Blastenbrei, Peter:
Frauen der italienischen Renaissance,
Herbolzheim 1997
Holzer, Kerstin:
Elisabeth Mann Borgese. Ein Lebensporträt,
Berlin 2001

Jelinek, Elfriede u. a.:
Isabelle Huppert im Porträt,
München 2006
Kerner, Charlotte:
Lise, Atomphysikerin, Weinheim 1998
MacFall, Haldane:
Vigée Le Brun, London 1922
Mauritz, Martina:
Isabel Allende. Leben, Werk, Wirkung,
Frankfurt a. M. 2005
Rife, Patricia:
Lise Meitner. Ein Leben für die Wissenschaft,
Hildesheim 1992
Seeling, Charlotte:
*Mode: 150 Jahre Couturiers, Designer,
Marken*, Potsdam 2010
Thain, Andrea; Huebner, Michael O.:
*Elizabeth Taylor. Hollywoods letzte
Diva – Eine Biographie*, Reinbek 1994

www.clanmaxwellusa.com
www.elizabeth-george.de
www.ellafitzgerald.com
www.royal.gov.uk

Textbeiträge:
Henning Aubel, Sabine Durdel-Hoffmann,
Elke Eßmann, Svenja-Milena Kutsch,
Brigitte Lotz, Antonia Meiners, Elisabeth
Sandmann, Ulrike Schöber, Sabine
Zitzmann-Starz

Vorne: ullstein bild – Roger-Viollet/Janine Niepce, ullstein bild – NMSI/Science Museum/Science Museum, Dpa picture alliance/picture alliance, ullstein bild – ullstein bild, ullstein bild – Süddeutsche Zeitung Photo/Scherl
Hinten: SSPL/National Media Museum/Süddeutsche Zeitung Photo

S. 8 Hans Holbein der Ältere, Kreidelithografie »Die heilige Elisabeth«, 1817
S. 11 bpk/Stefan Diller
S. 12 Tizian, Porträt der Isabella d'Este, 1535, Kunsthistorisches Museum Wien
S. 16 Alonso Sánchez Coello, Porträt der Isabella Clara Eugenia von Spanien, 1586, Prado-Museum
S. 19 Tizian, Philip von Spanien, 1551, Prado-Museum
S. 20 Élisabeth Vigée-Lebrun, Selbstporträt, 1790, Uffizi Gallerie
S. 23 bpk/RMN – Grand Palais/Gérard Blot
S. 24 akg/Universal Pictures
S. 28/29 akg/Universal Pictures
S. 30 Library of Congress Prints and Photographs Division Washington, ca. 1900
S. 34 ullstein bild – NMSI/Science Museum/Science Museum
S. 38 Kaiserin Elisabeth von Österreich-Ungarn, 1865, Hofburg, Franz Xaver Winterhalter
S. 42 Lise Meitner, 1928
S. 45 Pressebild-Verlag Schirner, © Deutsches Historisches Museum, Berlin

S. 46 ullstein bild – ullstein bild
S. 49 akg/Imagno
S. 50/51 ullstein bild – ullstein bild
S. 52 Scherl/Süddeutsche Zeitung Photo
S. 56 interfoto/Mary Evans/Mary Evans/National Magazines
S. 60 ullstein bild – HDG Bonn
S. 64 Scherl/Süddeutsche Zeitung Photo
S. 68 ullstein bild – Süddeutsche Zeitung Photo/Scherl
S. 72/73 Knorr + Hirth/Süddeutsche Zeitung Photo
S. 78 © Estate of Elizabeth David
S. 81 Albert Anker, »Stillleben: Languste«, 1882–1883, Privatbesitz
S. 82 akg-images
S. 86 Dpa/Niklaus Stauss
S. 89 ullstein bild – Thomas & Thomas
S. 90 akg-images
S. 94/95 interfoto/Mary Evans/Mary Evans Picture Library/Illustrated London News Ltd
S. 96 Dpa picture alliance/picture alliance
S. 99 SSPL/National Media Museum/Süddeutsche Zeitung Photo
S. 100 © Lori Barra
S. 103 © Lori Barra
S. 104 ullstein bild – Roger-Viollet/Janine Niepce
S. 108 © Elizabeth George
S. 112 akg/focus feature/Moireau, Jean-C.
S. 116/117 Getty Images

© 2014, Elisabeth Sandmann Verlag GmbH, München
ISBN 978-3-938045-88-6

Herausgegeben von Elisabeth Sandmann
Text: *Textwerkstatt Sabine Durdel-Hoffmann*
Lektorat: *Antonia Meiners*
Redaktion: *Svenja-Milena Kutsch*
Gestaltung: *Pauline Elisabeth Schimmelpenninck Büro für Gestaltung, Berlin*
Herstellung: *Peter Karg-Cordes, Jan Russok*
Lithografie: *Jan Russok*
Druck und Bindung: *Neografia, Martin*

Besuchen Sie uns im Internet unter www.esverlag.de